權威口語培訓師
王介安——著

不見面的說話練習

只用手機、簡訊與視訊
也會成就三分情的厲害溝通術

當你知道自己要什麼，也知道別人要什麼，
你的關鍵能力才能徹底發揮。

推薦序1／

AI無法取代的說話練習

江建廷（昇恆昌免稅商店總經理）

美國心理學家艾伯特．麥拉賓（Albert Mehrabian）曾經發表過一份研究，在「語言內容」與「非語言訊息」明顯不對稱時，人類的「溝通」有百分之五十五依靠肢體語言，有百分之三十八依靠頻率、聲調，只有百分之七來自於語言內容。回顧人類的語言與溝通模式，不斷跳躍式地演進，成為科技文明創新前瞻的基礎。但是「溝通」說來簡單，如何準確傳達信息？如何在傳達過程中達到溝通的目的？這不只是一門「技術」，更是一門「藝術」，而這門創意與藝術，目前看起來是AI還無法入侵取代的人類智慧聖地，我們也發現在這個領域當中，王介安老師的專業與學養占有一席之地。

我們常常說華人特別擅長「溝通的藝術」，但是這門學問，卻很難透過講授來學習，也很少人會特別去「練習溝通」。在這本書裡將「溝通藝術」分析拆解，從不同的面向來切入與引導，並可以被廣泛使用在各種溝通媒介與信息平台上。這層深厚的功力，在王介安老師多年來為昇恆昌員工講授祕訣的過程中，我們同仁不僅當場見識並折服，更獲益良多，也在面對顧客時，除了能有效達成銷售目的，更直接讓顧客感受到我們的服務熱忱。

在過去，傳統溝通模式講究「見面三分情」，但是在網路資訊交流頻繁的時代，「不見面」的溝通形式成為常態，網路文字訊息、社群通話、影音直播等，都已深入大家的生活中，年輕世代的讀者對於溝通工具的使用方式或許相當嫻熟，但是有效的溝通方式，卻不見得人人都有感。相信大家都不想因為隔著螢幕所造成的溝通失誤，錯失一次潛在的交易機會，或與某個職涯上的貴人擦身而過。王介安老師這本《不見面的說話練習》，一定可以讓大家達成目的、有效溝通，特別在此推薦給大家。

推薦序2／

精進遠端溝通能力，化身零距離新世代

林雪芬（台灣第一三共股份有限公司總經理兼董事）

職場上，溝通能力被認為是重要的職能之一。彼此面對面透過「見面三分情」交換意見，可以大幅增加溝通的成功率，有效達成共識提升工作績效。所以過去大家拚命鑽研的溝通學，往往把「見面」視為存在的已知條件。

大家都知道TED Talks的題目非常多元，演講者透過優質的口語表達與互動來傳遞優秀的思想，改變聽眾對世界的看法。這樣的口語傳播能力是我非常羨慕，也想學習掌握的。因為口語魅力的影響力是無窮的，所以在多年前和多位同事報名參加了介安老師的GAS口語魅力培訓，經由介安老師的指導，讓我和同事們在溝通技巧上大幅提升，使業務進行更加順暢。特別是藥品的行銷工作，我們往往從病患的角度出發，探討最符合臨床效益的治療。更多的是面對面與醫療專業人員做學術與臨床上的討論，談話不但要有效率、內容要精確，論述更要打動人心。因此具備口語魅力可說是職場上的基本生存能力。

然而，一場疫情改變了全球人類的生活習慣，為了降低感染機率，人與人的往來變成「減少見面」或被迫「不能見面」。各行各業採用大量的通訊軟體召開視訊會議，電話、電子郵件的使用也高出數倍。這也讓我有機會體驗到只面對鏡頭談話的溝通原來比「見面」更為困難，因為沒有了現場聽眾的最直接反應，讓我再次認知到口語技巧有再提升的必要性。

很高興介安老師出了《不見面的說話練習》這本新書，把口語溝通架構在不見面的情境做反覆的練習，確實可以讓過去所學更加精進。這其中，〈不見面的影響力〉及〈不見面的表演力〉是我認為最迫切要練習的。透過鏡頭如何讓談話的氛圍更好、更有溫度，更趨近於親臨現場，介安老師分享了重要訣竅，因為相當有效，所以想要推薦給讀者們。

疫情已經改變了我們的工作方式，後疫情時代雖然人與人接觸頻繁了，但是視訊會議的頻率卻不見減少。這一方面是因為時間成本的降低，另一方面也是為了下一次的防疫做準備。不見面的溝通術，我列為人生的必修課程。

推薦序3／

施展魔法的溫暖互動

馬克（職場圖文作家）

和介安老師有過幾次接觸，Email、電話、見面都有，而每次和他互動的過程中，都讓我感受到少有的輕鬆和愉悅。無論是合作上的洽談，還是生活上的閒聊，介安老師總是能把交流的節奏與溫度拿捏得恰到好處，讓一切互動過程自在又順利，彷彿像施展了魔法一般，讓防衛心很強的我，不自覺發自內心地去聆聽、接受、回應、付出，心中想著，若是我也有這樣神奇的魔力，那該有多好啊……

如今，這本書正是開啟這樣溝通能力的魔法書！在拿到書稿後，我愛不釋手一口氣看完，很開心介安老師不藏私的分享，讓我在溝通的觀念和技巧上大有斬獲。雖然這本書強調的是「不見面的溝通練習」，但我心中深深覺得，在練就出不見面的溝通能力之後，你面對面的溝通技巧一樣會大幅提升！這絕對是本重中之重的溝通寶典，不信？等你和我一樣看完就會知道了。

推薦序4／

早一步練就好感度的對話能力

符正華（博士倫股份有限公司總經理）

博士倫曾與王老師合作過兩次的口語表達課程，第一次的對象是全體業務同仁，第二次是對主管們及潛力人才的溝通進階課程。王老師對語言文字的使用及感受，敏銳又精準。深入淺出的課程內容，背後蘊藏的是老師精深的文字學識能力及對我們所處的文化通透的了解，才能梳理出實用的課程精華，讓我們的同仁獲益良多。更棒的是，之後公司內部經常可以聽見同仁的對話中，彼此互相提醒與練習，溫和而堅定地邀請對方用王老師的方式重新詮釋一次想講的內容，成功地推進同仁想追求更高與更好感度的對話能力。

此次有機會搶先拜讀王老師的新作品《不見面的說話練習》，非常榮幸，書名也讓我非常有共鳴。

藉由科技的進步，遠距溝通可能會變成一個商業上的常態對話趨勢。自己在外商公司二十幾年工作經驗，頻繁地與國外辦公室溝通，溝通方式也從早期的電話、手機及簡訊到如今的視訊會議，遠距、不見面的說話，對我來說是一個不陌生的技巧。老師的書中提到不見面說話與文字力，讓我重新檢視了現在最常使用的簡訊與視訊溝通內容，除了自己開始調整，同時也留意哪些人傳過來的訊息，令人讀起來舒服，發現溝通能力佳的人，果然是掌握了非常多遣詞用字的細節。一條短短的訊息，原來可以造成隔閡，也可以拉近距離，一句話也是如此，端看我們是否細心與掌握技巧。

《不見面的說話練習》對我來說不僅是一個繼續強化自己的遠距溝通模式外，更可以幫助許多正在或者未來即將面臨商業溝通趨勢的人。期待人人都能有機會讀到王老師的這本好書，讓語言文字不只達成溝通的目的，並用好感度將人們相連在一起。

推薦序5／

「後疫情時代」零距離的遠距溝通

程鈺玲（星展銀行（台灣）人力資源處
學習與發展部 資深副總裁）

新冠肺炎（COVID-19）在全球產生了極為深遠的影響，降低群聚及外出的可能已成為人們的日常。許多企業亦因此波疫情宣布未來公司的員工可選擇永久在家辦公。這種遠距工作方式無疑已被視為趨勢，過往在同一個辦公室與全體同事面對面地工作和見面的日子可能已經一去不復返。而這種新常態（New Norm）讓思科視訊會議軟體WebEx，僅在三月的前十一天，客戶使用量暴增超過五十五億分鐘的記錄，總共產生將近一萬零五百年的遠距會議。這也意味著接下來的十年，我們談話的方式、團隊間的交流、課堂的學習，都將發生巨大的變化。因此，如何在遠距工作中，仍然能夠建立互信、表達同理、傳達人與人之間的溫度將更為關鍵。

如今許多公司內部的重要會議、對外的研討會、教育訓練等都改以線上方式進行，但要如何運用通訊工具建立共識，避免溝通斷層、效果打折，毫無疑問是個非常重要的學習。

四月上旬，王介安老師以迅雷不及掩耳的速度，預告月底將推出三堂線上課程「不見面的溝通學」，教授如何在遠距情況下的溝通技巧，又在三個月後寫了這本工具書深化練習，以實際行動幫助企業及社會大眾不斷精進，全然的「Just-in-time learning」的確是後疫情時代的一大功德。

無論是透過電話、文字、視訊等任何媒介，書中所提到的方法及建議，以影響力、延伸力、控制力、表演力，以及文字力作為五大架構，精闢並具體地講解每項技巧所帶來的溝通效果，有如打通了讀者的任督二脈般，針對各種痛點一一拆解，讓我們都能透過不見面的方式，摒除遠距所帶來的障礙，在職場上持續完美協作，達成各種目標。推薦給大家，必讀好書！

推薦序6／

你的溝通成本，正在拖垮你的職場價值

歐陽立中（Super 教師／暢銷作家）

時代以超乎我們想像的速度在改變，以前我們習慣「寫字」，後來用「打字」，現在用「貼圖」；以前談合作，習慣彼此邀約見面，現在可能一通電話、一封郵件、一次視訊就決定合作與否了。過去的溝通書，預設情境都是見面，但現在的情境，更多卻是不見面，介安老師的《不見面的說話練習》正是符合新時代的溝通好書！

介安老師以GAS（目標、態度、技巧）為核心出發，以線上溝通為情境，點出許多我們不曾注意的細節，給出許多我們未曾想過的建議。就像是直播或視訊，很多人總給人眼神飄忽的感覺，實際上是因為他不知道該看哪裡。介安老師一語點破：「說話時，眼神看鏡頭；不說話時，眼神看螢幕。」

再像是你加新朋友臉書或LINE，自介完後就陷入一陣尷尬，不知要聊什麼，畢竟也沒見過面。介安老師告訴你：「關鍵在於對人好奇。」你可以請對方分享過去經驗、專業，甚至突然想到問題問對方。讓人暢所欲言，而你用心傾聽與回應，那才是溝通最美的風景。

最後，我特別喜歡書中談到的「文字溝通」。相信你一定收過這樣的訊息：「在嗎？」「你最近有空嗎？」這樣的訊息。一看就是要你幫忙，卻又沒把話說完，你很猶豫要不要回。當然，我們也會有需要別人幫忙的時候，介安老師告訴你：「一段講完，不要只說一半。」你看，不見面溝通，比見面溝通需要注意更多細節。不然，你怎麼被別人列為拒絕往來戶都不知道。

你的「職場價值」等於「能力」減「溝通成本」。我們花了大半時間鍛鍊能力，卻很少注意高昂的溝通成本，正拖垮我們的職場價值。現在，請你翻開《不見面的說話練習》，降低溝通成本、創造人脈機會的方法，全寫在裡頭了！

推薦序7／

說話的目的不在說，而是聽！

蘇永生（台灣索尼互動娛樂股份有限公司 董事總經理）

「說話的目的不在說，而是聽。」是我多年來一直奉為圭臬，也常常分享給同仁的一句話。也就是說，一個人說話的目的不在於他說了什麼，而在於聽者究竟聽進去了什麼。

讓我跟各位分享一個小故事。美國有一個神學院，一直都是以培育最優秀的牧師著稱。該校有一個傳統，學生畢業後的頭一年，必須接受學校的指派分發，前往指定的教堂擔任實習牧師的工作。其中，有一位在校成績表現十分突出的年輕牧師，被分發到南部農業州的一個小鎮教堂，傳道的主要對象，是一群鎮日與羊群為伍的農夫。年輕牧師帶著畢業的喜悅及多年所學的滿腹經綸，信心滿滿地準備大顯身手。

於是，他迫不及待地準備召開一個盛大的布道大會，希望一開始就能吸引村民的注意與參與。但想不到當天的布道大會中，除了工作人員之外，只來了一位聽眾，而且還只是一位牧童。這個始料未及的結果，頓時讓這位年輕牧師覺得心灰意冷，花了九牛二虎之力的宣傳與努力，卻只有一位小牧童來「捧場」。於是年輕牧師打算將這個布道大會取消。不過在取消前，他還是先徵詢這位牧童的意見。牧童說：「你要不要取消傳道我不知道。但我知道一件事情：在我所養的一百隻羊中，就算迷失了九十九隻羊到只剩一隻羊，我還是要養牠。」年輕牧師聽完後頓有所悟，於是如期地舉行了布道大會。年輕牧師使出渾身解數，對這位牧童全力灌頂。但想不到這位牧童卻睡著了。牧師難過地問牧童：「難道我講得不好嗎？」牧童回答：「你講得好不好，我不知道。但我知道，當我在養羊的時候，絕對不會拿我最喜歡的漢堡給羊吃，而是拿給羊最想要吃的牧草。」

到底，是誰在對誰傳道呢？

當我們在溝通或說話之前，先了解我們溝通的對象，是一件最重要的事情。二〇二〇年全球各地面臨新冠肺炎疫情的無情肆虐，過去我們還可以透過見面三分情，藉助談話，或是會議當場的表情、眼神、肢體動作，以及會前會後的寒暄互動來提高溝通的成功率。但現在，我們必須透過電話或視訊會議，在非常簡短且有限的時間中，就要建立有效溝通，這當然更加考驗溝通的方式和技巧。認識介安老師，是在四年前公司邀請他來講授口語溝通的企業內訓課程。我升任總經理之後，因為需要對外溝通和演講的機會變多了，因此再邀請他來傳授一對一口語魅力的訓練課程，好好把我調教一下。

身為一位資深的廣播主持和配音員，介安老師口語表達魅力是令人震驚和印象深刻的。記得當年的企業內訓課程，介安老師一開口就 Hold 住全場，他言之有物，卻又淺顯易懂，輔以生動有趣的案例和練習，立即吸引住全部同仁的目光和注意力。直到接觸他的一對一教導，我才明白他的溝通表達技巧，都是多年鑽研和不斷練習的累積，而且是有系統、有步驟，循序漸進幫助你逐一提升說話技巧，達到有效的溝通和進一步影響力提升的境界。

本書第一章介紹GAS口語魅力的基礎架構，以及六大重要的思考。清楚地闡述了如果要達到有效溝通，需要先知道想要表達的目標（Goal），有穩定的說話態度（Attitude），輔以純熟的說話技巧（Skill），你說話的對象才可能更了解並接納你的想法，你的目標也比較容易達成。接下來在後面幾章進一步闡述在無法見面時，如何透過有效的技巧去了解你的聽眾、聽出他的需求、延續話題，並藉由能收能放、適可而止的語感，進一步與溝通對象建立有效的關係，擴大你的影響力。最後第五章，介安老師還幽默點出時下因為通訊軟體的流行，容易因為省話、斷句和標點符號誤用造成的誤解和反效果。因為這些錯誤我也常犯，值得省思。

本書內容淺顯易懂，讀起來並不困難，加上生動的案例以及清楚的圖示，相信讀者很容易吸收。但溝通之所以稱之為技巧，是需要有意識地進行訓練、培養與體會的。因此希望讀者若覺得讀來有所收穫，不妨持續依照書中建議的方式，反覆練習，定能有效提升說話和溝通的能力。我自己本身受益匪淺，相信讀者在練習之後也能碩果纍纍。

自序／
不見面，如何知道對方的內心世界？

從事溝通表達、說服談判的各種訓練課程教學，是人生當中很有挑戰的一件事，這樣的教學領域，每一次都充滿變化。我會面臨各種各樣的主題，以及提出各種不同需求的企業。

職場溝通瞬息萬變，商業談判越來越難，我不僅要做足功課，也要花很多時間研究各個不同產業面臨的真實狀態。

不瞞你說，最近這些年，我歷練很多，也成長很多！我大部分的時間投入在企業內訓，許多職場工作者，面臨的最大困擾，都是跟溝通有關的議題，而最近這幾年，因為科技的應用翻轉了人類的溝通模式。許多上過我的課的學員會問道：「沒和對方見面的時候，如何探知對方的內心世界呢？」這是一個很大的議題，不是三言兩語就能講完的，所以，我決定寫下這一本書。

書中探討的面向很單一，**就是「不見面」的時候，怎麼樣表達自己？怎麼樣理解別人？**

多年來上過我的課的學員，來自各種不同的工作領域，我把他們的遭遇，寫在書中，包含主管、業務、行政人員、演員，甚至直播主。

電話聯繫、遠距開會、視訊簡報、網路直播、簡訊溝通等等，每分每秒不斷地在我們身邊發生，書中蒐羅的個案、例子，與理論、技巧結合，希望能夠幫助你，在「不見面」的時候，和對方建立更好的關係，並且了解對方，讓你的目標達成。

人生有許多大大小小的困擾，有時候一個小困擾，就把你給困住了，甚至一下子就讓自己心情很糟糕。原因是什麼呢？多數的困擾來自於溝通的困擾。

一句話沒表達好，一個訊息沒傳遞好，讓別人誤解，以至別人生氣、受傷，自己也生氣、受傷，真是划不來。

溝通是雙向的，不是單向，真的很希望這本書可以影響很多人，不只是你，還有你的溝通對象。讓雙方都重新看待溝通與說話這件事情，好好溝通與好好說話，其實沒有我們想像中的那麼容易。

這本書的誕生，很感謝緣分。一九九六年，我在中廣流行網主持廣播節目《星河夜語》，節目裡頭有一個電影單元，所以我寫了一本有關於電影音樂的書，叫做《電影音樂發燒書》，當年在皇冠出版社出版，她是我的編輯，而現在她是大田出版社的總編輯，她是莊培園。

這麼多年後，我們再續前緣，我們兩人針對這本書，不斷地討論，在一次一次的討論中，她讓我看到了自己的不足與盲點，真的很謝謝培園的耐心與支持，充滿感激。這本書，沒有她和我不斷地溝通交流，沒辦法長成現在的這個樣子。當然，還要謝謝大田出版社的夥伴鳳儀、映璇，謝謝你們為這本書誕生的付出。更要謝謝我的太太家妮，三個孩子荳荳、芽芽、樂樂，如果沒有你們的全力支持，我沒辦法在工作中勇敢前進，這本書能夠順利出版，你們功不可沒。

最後，我衷心地祈願，這本書當中提出的所有溝通的現象與溝通的方法，能夠激發你更多不同的靈感，也讓你的生活、情感、工作更快樂。祝福你。

目錄 CONTENTS

Chapter 02

不見面的延伸力

目錄 CONTENTS

Chapter 05 不見面的文字力

前言／

當遠端溝通成為必備技巧

魏德聖導演的《海角七號》、日本的經典電影《情書》，或者是得過奧斯卡多項大獎的《英倫情人》……許多電影中描述的過去年代，一封封信傳遞出的是濃濃情感。

在顛沛流離的歲月，分隔兩地，靠著書信化解思念之情。甚至有些信還無法寄出，因為根本不知道收信的那個人在哪裡？

不見面，透過文字記錄自己的心情讓對方知道，這是過往歲月必定得經歷的溝通方式。在我自己的成長過程中，經歷過沒有網路的時代，經歷過沒有手機的時代，情書、家書，不曾缺席在我的成長歲月。

你呢？你寫過多少信給別人？我不是說電子郵件，我是指拿起筆寫在紙上的信件，常常我在寫信的時候，我都會想像對方拿到信的樣子，讀著信的心情，我們還必須耐著性子「等待」對方回信。

寫信，是件浪漫的事，也是一件嚴謹的事，必須先構思好才寫，而且是邊想邊寫，錯誤率不能太高，否則就必須重寫。

現在不一樣了，溝通快速又直接，構思的訓練，等待的訓練，都不夠。讓溝通這件事情變得很麻煩，應該說「製造」很多麻煩。

從媒體、主持、配音、廣告、行銷等等的相關「說話工作」歷練之後，我進入了教育產業，教說話、談溝通。或許因為自己的職業訓練養成的表達能力，也或許過去因為透過書寫，建立了思考與等待的習慣，讓我的溝通表達能力還不算太差，也受到許多人的青睞。

這些年，我在各地開課，我的學生來自四面八方，不同的年紀，不同的生命經驗。許多學生上我的課的時候，跟我討論過許多關於說話與溝通的問題。

如果要列出排行榜，最常被提到的問題是，怎麼樣讓自己的表達邏輯更好？怎麼樣讓自己的聲音更好聽？怎麼樣讓自己快速地講重點？怎麼樣在面對群眾說話的時候不緊張？怎麼樣讓自己的說話方式聽起來更專業？怎麼樣讓別人持續想聽你說話？怎麼樣的電話溝通方式比較好？

這個時代，遠端溝通、遠端開會、遠端簡報，成為一種必備的技巧。

而二〇二〇年新冠肺炎疫情延燒，這個重大的國際疫情，使得許多企業紛紛停止「真人見面開會」，讓所有人深思遠距開會、溝通、協商的技巧。

大家開始考量因為疫情拉長，不能面對面見面討論事項的日子也拉長。如何透過「不見面的溝通」就能夠建立彼此的關係並創造合作，更讓「不見面的溝通」成為許多人的挑戰。

當我們只能透過電話、文字、視訊溝通，當物理的距離拉開了心靈的距離，該如何讓溝通的效能提升呢？

在工作當中的溝通，當然會被要求以效能、效率為前提，因為緊張，打折了表達能力；因為不自在，削弱了自信；因為語氣不對，讓別人不舒服；因為用詞不精準，讓別人誤解……遠距離的溝通，無法掌握對方精準的心情，別人心裡不爽了，你還不知道，依然故我地用自己的方式來陳述，效能、效率都大打折扣。更糟糕的是，還在未來一次又一次的溝通當中，讓別人產生了厭惡的感覺。

我透過人際溝通的研究與分析，開創出「GAS口語魅力培訓」的系統，為的是幫助更多人在溝通的過程當中，順暢地表達自己，且讓別人理解，創造出更好的溝通影響力。

希望這本書的誕生，能夠一一提出「不見面的溝通技法」，除了破解現代人無法看到溝通對象的尷尬、無奈與窘境，還hold住影響力，也讓溝通的目標達陣。

Chapter
01

不見面的影響力

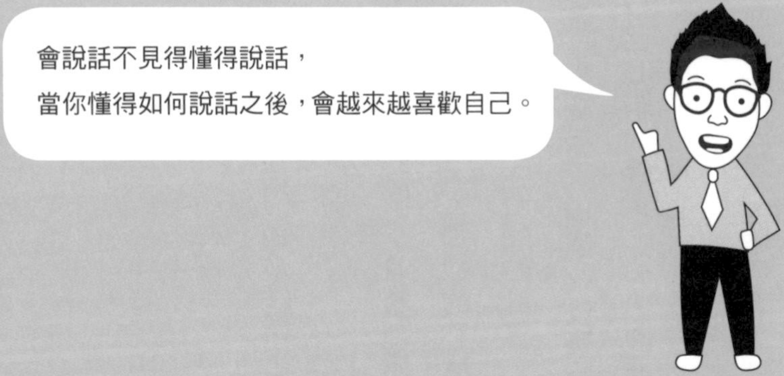
會說話不見得懂得說話，
當你懂得如何說話之後，會越來越喜歡自己。

開場白

記得我主持廣播節目初試啼聲，第一次正式播出之前，因為擔心現場播出出錯，所以採用錄音播出。錄音之前，我準備了很多資料，甚至把逐字稿都寫好。

前一天晚上，我在家裡面，將可能使用到的音樂，一張一張的ＣＤ整理出來，要播的每一首歌，全部都聽一遍，要說的每句話，把它寫在紙上。那樣的心境，彷彿就是即將上戰場的士兵，緊張，深怕出錯。我把音樂的排序、時間的計算，每個細節都張羅妥當，感覺是一切就緒了。然而第二天，進了錄音室，面對一支麥克風，我幾乎緊張得說不出話來，安靜的錄音室，只聽到自己心跳的聲音。明明面前只有一支冷冰冰的麥克風啊！

面對麥克風，自說自話，真的非常不容易。即便準備非常充分，難免因為語氣不對，不夠流暢的表達，反反覆覆錄製了很多次才成功。當時的我，除了沮喪之外，更領略了「在壓迫感的狀態之下，流暢地說話是多麼不容易的事」，這是許多人跟我一樣的狀況，也是許多人想要突破的狀態，尤其在競爭這麼激烈的職場互動當中。

現在，溝通的工具變多元化了，各種Ａｐｐ的應用讓遠距離溝通變成一種常態。情人溝通、朋友溝通、家人溝通，這些比較趨近於聯繫情感的互動模式，可以自然，可以生活，不必矯情，甚至不必關注太多細節。

當我們面對的是客戶、老闆、主管、下屬，這些**職場的溝通，才是真正考驗溝通能力的公約數**。

不見面的開會討論、不見面的簡報提案越來越多。有的時候是電話會議，完全不露臉，你如何用聲音與語氣，以及你所描述的內容來影響聽話的人呢？有時候是視訊簡報，你面對一個鏡頭跟視窗中遠方的同事或客戶，如何透過你的臉部表情跟說話的方式打動他們呢？我會在這裡跟你分享「影響力」在說話當中，到底是如何建立的？

第 1 講

如何不見面說話更具影響力

範例說明

這天下午，葛蕾絲在跟老闆說明這個月的市場行銷計劃，由於老闆很忙，沒有太多時間留給她，而且必須使用電話溝通，她講話變得很急，有些地方陳述得不是非常清楚，她自己也知道。她卻沒有辦法控制自己的狀態，完全放慢不下來，就彷彿是後有追兵一樣，倉皇前進。

由於她講話的速度很快，老闆也被她弄得很緊張，老闆說「請你講慢一點，講重點也可以」，老闆不止說了一次，還說了很多遍。這樣的情況，弄得她更緊張，訴說得更是雜亂無章。

葛蕾絲在公司負責市場行銷的工作，用電話和老闆溝通是常態，但她跟我說，每次一用電話溝通，心裡總覺得老闆時間有限，她就很急促，真不知道該怎麼樣改

GAS 口語魅力培訓基礎架構

變這樣子的毛病？

我先讓葛蕾絲了解什麼是溝通影響力？「**影響力**」這三個字，一直是我們過去研究的重點，尤其花很多時間在職場不同工作環境的個案來探討。

我們提出了**目標**、**態度**、**技巧**三元素，這是口語表達影響力的關鍵因素，尤其當無法和對方見到面時，更是至關重要的衡量標準。

我勉勵葛蕾絲，並且請她想想，**你和對方說話的時候，目標明確嗎？態度穩定嗎？技巧純熟嗎？**

你可以經常把這三個問號放在心中。那麼你的影響力一定能夠提升！

這個理論概念是「ＧＡＳ口語魅力培訓」最基礎的架構，一切後續延伸出來的溝通與表達的技術行為，都是從這裡出發。

我跟葛蕾絲說，這個理論基礎的概念很簡單，「當你很清楚地知道你要表達的目標，使用穩定的態度以及純熟的技巧來說明，你的口語影響力將能夠提升一點五倍」，這也是我們拆解了上千個個案，得到的量化分析結論。我還針對目標、態度、技巧，做一點簡單的應用說明，分享給葛蕾絲。

在口語表達與人際互動的過程當中，訴說的「目標」一定要非常明確，最好能有一句話，或是一個具體的描述來呈現。如果你一直繞圈子，描述太多，或不夠具象，別人腦子裡會反映出一個三條線的想像：「拜託！你能講重點嗎？」

當我們在訴說心中的想法時，尤其你又看不到對方的表情，和對方的距離很遙遠，對方如何很輕易地了解你的想法，目標的辯證很重要，這有點像是管理學當中的目標管理，但是，在口語表達的情境當中，述說者必須要很流暢地把目標講清楚。

當你在開會、簡報，或者和老闆電話溝通的時候，最好能夠以「目標為導向」的訴說，**把你想跟溝通對象談的事情，用三個以內的重點列出來**。一個重點是最好的，兩個重點其次，三個重點是比較差的，當出現三個以上的重點，目標就會互相排擠且被混淆了。

比如進行簡報時，我們會聽到：「今天要跟大家簡單說明一下這一季的行銷規劃，這一季的行銷規劃一開始，我們會進行網路問卷……」然而上過我的課的學員都會被要求簡報一開始就這樣說：「這一季的行銷規劃，有兩個非常重要的使命，第一是提升銷售額，希望比去年同期增加百分之三～百分之五；第二個是增加品牌知名度，讓網路上我們產品的搜尋量比起上一季，至少增加一成……」

我講完了上述的概念之後，葛蕾絲很明顯地感受到這兩者之間的不同。所有的主管跟老闆，都喜歡後者。因為後者聽起來有效能，更重要的是有擔當。

所以當你要開會、簡報、說明某件事的時候，尤其是遠距進行，請先把你要談的目標，用筆寫下並條列出來。

遠距進行溝通，
請先把你要談的目標，條列出來。

第一個重點→

與發行部的會議時間安排。

第二個重點→

網路書店的書展名單已經整理好了，請確認。

第三個重點→

星期三公司聚餐的地點已經訂位了。

最好不要超過三個以上的重點。

你需要一次又一次的練習——關於態度Attitude

接著我跟葛蕾絲分享了態度學，這個議題在溝通當中顯得非常重要。往往因為態度不穩定，甚至態度不佳，讓別人感覺不好！

人與人之間的互動，態度展現在兩個方面，一是**表情**，二是**語氣**。說話的表情呈現出人的內心樣貌，有一種表情是最具吸引力的，它可以跨越藩籬，融化冰霜，那就是笑容。

根據我們對人際互動做的所有研究分析，任何人與人之間討論的事情，百分之八十以上的表情呈現，應該是要有笑容的。只有不到百分之二十的內容，可能是悲傷的、憤怒的，表情當然不必呈現笑意，甚至連嚴肅的事情，都應該微笑以對。帶著笑意與笑容說話，可以讓溝通的影響力提升非常巨大。

開會、報告，這些工作當中看似很嚴肅的事，因為眉頭深鎖，表情嚴肅，影響力下降。

如何練就帶著笑意與笑容說話，需要經常面對著鏡子調整。我的學生當中有很多「直播主」，把這一點拿來問他們，他們一定感受很深。葛蕾絲感同身受，她回應我說：「因為當緊張產生，心裡有了壓迫感，講話的態度變得很嚴肅，老闆的感受當然不會好。」我說：「是的。沒錯！」

關於態度學的另一個重點，就是說話的語氣。尤其是當對方無法跟你見面的開會、簡報，**輕重緩急**，**抑揚頓挫**，這八個字絕對是金科玉律。而且，是必須設計好的。哪些地方應該前進強勢？哪些地方應該誠懇退縮？哪些地方速度要快一點？哪些地方速度要慢一點？哪些地方要停頓久一點？哪些地方要盡快追上？……以公開簡報為例，語氣至少調高一度，這樣聽你簡報的人，感覺得到你的熱情自信。另外，在必須強調的重點上，語氣要用些力氣，比如「我們希望快速地提升銷售額，比去年同期『增加』百分之五」這句話當中「增加」這兩個字是重點，所以一定要用點

表情 + 語氣 = 互動的關鍵

力氣講出來。我請葛蕾絲試著說說看，明顯地感覺到差別。

對遠距溝通而言，語氣幾乎是決定成敗的重要關鍵，而這一切都可以在溝通之前就事先設定好的。葛蕾絲問我，不可能每次都設定得這麼精準啊？常常因為臨場的反應，也來不及設定語氣！我跟她說，是的，沒錯。然而在職場當中所有對談的內容，多數是大同小異的，一次一次的練習，會變成非常快速地反應。也就是每一次在開會、電話溝通之前，都要先想過這裡要用怎麼樣的語氣、那裡要用怎麼樣的語氣。當我們每次都預先思考、設定，那麼每次的演練，都會在未來注入即時反應的能力。

每一個細節就像個案追蹤——關於技巧Skill

溝通的技巧，本來就很多元。一旦進入商業溝通，會更往上層走，會進入說服模式，進入談判模式。

由於葛蕾絲面對的是老闆，這更是考驗。我跟葛蕾絲繼續分享我的觀點，也希望她能領略，並透過練習，讓技巧變得更純熟穩定。

不見面的的溝通，難度最大的在於無法看到對方很清楚的表情動作，甚至如果只是進行電話語音的會議，完全沒有對方表情的輔助。對於傳遞者而言，說話的技巧就變得很重要。

最基本的技巧有四個，邏輯順暢、咬字清晰、語速穩定、用詞精準（這些會在本書後面的章節仔細探討）。當然，除了這四個基本技巧之外，比喻的技巧、說故事的技巧、舉例的技巧、說服的技巧、談判的技巧，這五個技巧是我們在深度溝通的過程當中，一定要學習的，讓你的影響力不斷地往上攀升。

善用技巧，會讓你的表達更有力量，就以「舉例」為例，你想要在會議中，讓客戶覺得你有能力承接他們的專案，你必須要**舉出一個強而有力的例子，證明你的實力**。這個例子，你在述說的時候還必須很穩定地、不誇耀地陳述出來。

我建議葛蕾絲未來再和老闆溝通的時候，一定要先把目標、態度和技巧的重點寫下來，對她會很有幫助。

一次一次和葛雷絲交流、互動、討論與演練，葛蕾絲漸漸把所學運用在工作當中，並不斷思考各種應用的可能。每隔一段時間的開會，葛蕾絲都會跟我討論和老闆應對的細節，這彷彿像是個案追蹤一般。

葛蕾絲一次一次地落實，一次一次地展現效果。很快地，她和老闆的電話溝通變得更順暢自然，速度也變得更穩定緩慢，老闆便沒有再跟她說「請講慢一點」，由於「以目標為導向的說話方式」建立起來，老闆更明白她講的是什麼。她現在也被升職了。

/ 練習題 ① /

希望你也能夠領略 GAS 的精神，
相信應用起來不僅容易，
而且能夠讓自己更穩定地訴說表達。
現在請拿出一張紙，畫一個表格，
你和對方溝通的時候，
你的目標是什麼？
態度是什麼？
技巧是什麼？

請想想你和對方見面
應該擁有的態度是什麼？
積極前進？還是溫暖柔和？……
一開始的態度是什麼？
最終的態度又是什麼？

請先想想你的近程目標是什麼？
最終目標又是什麼？
請把它寫下來。

你需要舉什麼例子嗎？還是要用什麼樣的數據去說服對方呢？
如果要舉一個例子，怎樣的例子比較好？
你可以說一個故事打動對方嗎？

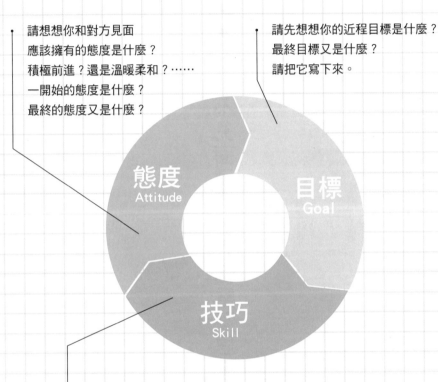

第 2 講

不見面溝通的六個重要思考

範例說明

俊傑在金融產業工作，他們公司每一週都會開週會，每一週的週會，都會抽出一位員工上台分享這一週讀過的一本書，或者是看過的一部電影，或者是去了哪裡玩等等，就是公開的心情分享。當然，每位同仁都會在每一週開週會前先準備好，以免自己突然被抽到。

俊傑準備好之後，每當被抽到上台分享，他總覺得分享得很爛！他有個疑惑：「思考得很好，為什麼講得很爛？」他見到我的第一個問題就是這個。

由於俊傑對於目標、態度、技巧的基本思考與應用，是已經了解的，所以，我跟俊傑分享了另一個層次的思考，從GAS（Goal、Attitude、Skill）的探討出發，我還做過一份《口語傳播困境之研究》，得到了口語溝通無法達陣、效能低落的主要原因，來自六個面向。包括邏輯不順暢、語速不穩定、用詞不精準、咬字不清晰、語氣不適當、表情不自然，這六個面向讓口語表達的影響力下降。

因此，我勉勵俊傑，如何訓練自己，讓口語表達時邏輯順暢、語速穩定、用詞精準、咬字清晰、語氣適當、表情自然，就能讓口語表達影響力上升。

在前面葛蕾絲的個案，GAS的說明當中，關於「技巧」，我提到了四個面向，邏輯順暢、咬字清晰、語速穩定、用詞精準，在這裡增加了另外兩個面向，語氣適當與表情自然是屬於「態度」層次。

以下針對這六大面向，在溝通中應該注意調整的方式，我一股腦兒地跟俊傑探討。

邏輯順暢
咬字清晰
Goal
口語表達目標
語速穩定
語氣適當
用詞精準
表情自然

改變工作效率的祕訣——邏輯順暢

什麼是口語表達的邏輯呢？有很多人說是次序、是架構。次序與架構是邏輯的選項沒錯！然而在我們的研究中發現，口語表達邏輯要提升，尤其要注意以下三點。我勉勵俊傑一定要想辦法做到，這會讓他在思考與架構的過程當中，讓自己的述說內容更完整。下次構思好之後，萬一「很幸運地」被抽到上台分享，也比較不容易忘記。

・合情合理

這是職場溝通當中非常重要的思考，可能是你疏忽了，往往會忽略了這個現象。合情合理，指的是大環境與大方向的「**現實狀態**」。比如你的目標是跟老闆談加薪，加薪的幅度就應該「合情合理」，你可能會先多方了解一下在公司待多久會加到多少薪資？加薪的幅度，落在一個合情合理的範圍，是非常重要的，如果漫天喊價，就會落入沒邏輯的狀態。

分享你很喜歡的書，也是這樣的。最好分享一本多數人都覺得還不錯的書，也就是大家最近都可能注意到的書，不是分享一本非常冷門的書，別人根本不知道你在說什麼，自然沒有什麼感覺。

・有因有果

另外，我跟俊傑談到了「**訴說的因果關係**」，不僅是溝通的邏輯架構，也是最基礎的說服技巧。

「為什麼要執行這個專案？」

「因為這會讓我們在下一個季度的業績提升百分之五。」這是完全不符合邏輯的回答，看似是講述了「因為」，事實上是講述了「結局」。就好像有人問你：「這部電影好看嗎？」你說：「好看啊！因為很感人。」這也是講述了結局，沒有因為。

那什麼叫做邏輯的因果關係呢？

「因為過去到現在，我們都沒有執行過這樣子的行銷方式，如果這一個行銷方式執行得好，在下一個季度就能夠提升我們的業績百分之五。」

「因為這部電影當中，女主角失去男主角的那段傷痛，讓我感受很深刻，也很感動。所以我覺得這部電影很好看！」

關於「因為」，是一種動機的描述，一旦你的動機強而有力，就可以說服聽的人。

介紹一本書，也是如此。你不能夠說「因為這本書作者寫得很好，所以我很喜歡」，應該是要說「因為作者描述的×××，我曾經在生活當中碰到的○○○，就是這樣子，讓我覺得很感動」。

俊傑聽到這裡說，對！我就是**沒有把「因為」想清楚，所以也就沒辦法講清楚！**

・目標一致

之後，我跟俊傑分享一個最重要的概念，就是在訴說的過程中，前後的論述一致，就表示沒有邏輯倒錯的問題。在職場工作中，最常見的邏輯倒錯，就是目標一下子這樣、一下子那樣。比如會議當中，明明要談的是「提升生管部門與業務部門工作效能」的討論，最後卻講到了「和某客戶的溝通困難該如何突破」，出了會議室之後，生管部門與業務部門在未來的互動，可能還是陷入一片迷茫。

目標一致，對於遠距溝通更是要特別留意，常常溝通完，掛了電話，或結束視訊，大家又不在一個工作場域，再去確認或追蹤，會讓整體工作效能變差。

我還跟俊傑說明，如果下次你被抽到要上台分享，當在介紹一本書時，你提出這本書很激勵你，那麼，最終的結論一定要落在「因為這本書能夠激勵我，所以我把這本書推薦給大家」；這是**「鎖定目標」，是很重要的一種表述與說明**。

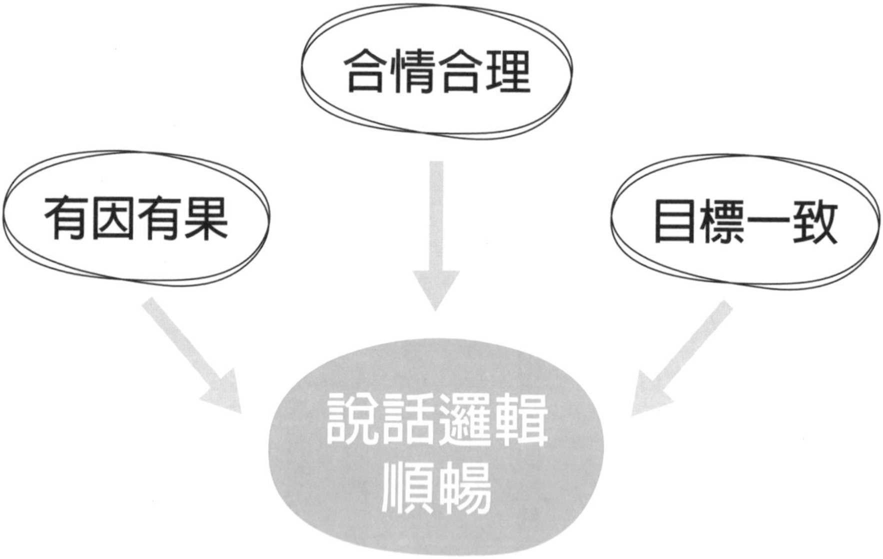
合情合理
有因有果
目標一致
說話邏輯
順暢

符合現代的溝通速度——語速穩定

說話的速度影響聽的人的內心感受。說話的速度太快，讓人有壓迫感，甚至帶給人一種緊張；說話的速度過慢，讓人無法集中精神，甚至等不及想打斷。

俊傑問我：「什麼速度是快？什麼速度是慢？」我跟他說，我們透過多次的分析研究，讓聽的人針對說話速度的「好感度」提出評分。語速好感度的最終結果是，中文每分鐘二百字到二百四十字，英文每分鐘二百二十字到二百六十字。原因是英文的有些字節很短，中文講「一個」，英文講「a」；中文講「聽起來不錯」，英文講「sounds good」……

一旦你說話的速度穩定，別人聽起來不僅清晰，理解度與接受度也比較高，因此「好感度」會提升。

我有一個職場的身分是配音員，專攻影片的旁白以及典禮的旁白。旁白配音，語速穩定性是很重要的專業要求。過去我大量地閱讀稿件，進行了語速調整的練習，讓我現在可以輕易控制我的講話速度。

現在，我的學生們來自四面八方，有許多主管來跟我學簡報技巧，還有許多直播主來跟我學說話。我都跟他們說，**說話的速度真的非常重要，那是創造影響力的基本功**。

之後，我請俊傑測試自己唸出以下文字，看自己是否大約一分鐘唸完？若不到一分鐘，則太快；若超過一分鐘，則太慢。

我請他務必「**習慣一個穩定的速度**」來說話。

一分鐘的讀稿練習

研究人員從各種分析資料中尋找「快樂的動向」，發現快樂的人會把歡樂傳遞給不認識的人，而且這種喜悅，有時候可能延續長達一年，甚至更久。

美國社會學家克里斯塔基斯說：「快樂會四處流竄，你是否快樂不僅取決於自己的行動、行為和思想，甚至也跟那些你不認識的人有關。」

快樂會傳染，而且能夠透過家人和朋友這類的社會群體傳遞，像漣漪一樣擴散開來。傳遞延伸的範圍可以多達三圈，就是朋友的朋友的朋友。

不管使用話語，或者使用社群媒體，請大家多傳遞快樂的訊息吧！

如果你平常的說話速度就很慢，一直加快不起來，也請不要慢於每分鐘一百八十個字，因為太慢，不符合這個時代的溝通速度。

注意你的贅詞——用詞精準

語言是溝通的工具，語言的背後是文字。用詞的精準度，會讓別人更懂得你在說什麼，而惡感度與好感度之間的落差，也是因為用字遣詞產生。

就像我們小時候被教育要經常說「謝謝」是一樣的，請別人幫忙的時候最好的說法是「麻煩你」。**語言之所以有影響力，就是因為我們用對的詞，以及在適當的狀況用了精準的表達**。比如你溝通的對象有稱謂的時候，盡量用稱謂，而不是「你」，使用「謝謝經理」「俊傑，謝謝你」要比單純「謝謝你」強很多。

如果你是主管，和團隊溝通的時候，最好使用「我們」，盡可能少用「你們」這許多用字遣詞的方式，看起來像是老生常談，但是，在實際應用的時候，因為經常沒注意到，導致溝通的好感度就下降了。

當我們與不同的對象溝通，只能言語溝通，沒有看到真人，用字遣詞更顯得重要。開會或簡報，有些字詞是必須要斟酌的，我在很多企業與團隊中推動「**正向的語言系統**」，這是個重要的技術行為。「同仁們平常開會都遲到，會讓整個效率變很差」換成「開會大家一定要準時，準時才會提升工作效率，以後一定要準時開會」這樣的說法，效果會好很多。

另外，還有一個口語表達流暢度的致命傷，就是**贅詞過多**。我跟俊傑說，根據我們的研究分析調查，不斷反覆出現在口語表達中的贅詞，而且是毫無意義的贅詞，依序的排行是：

1. 然後；
2. 那；
3. 嗯（欸、齁）；
4. 對（對呀）；

5. 這個（那個）；

6. 也就是（也就是說）；

7. 基本上；

8. 的部分（之類的）；

9. 的動作（的想法）；

10. 你知道嗎？（你懂了嗎？）

分享完這些贅詞，俊傑笑了。他說：「老師你講的贅詞都是在我身上發生的。」

我說，是的。我提醒俊傑，這些贅詞不是不能出現，而是當這些贅詞出現的次數太多，不僅傳達的流暢度會下降，也會讓聽的人覺得你不太專業，甚至會讓人覺得你沒有準備好。

關於用字遣詞的精準思考，在下一個章節我們會更深入地探討。

/ 練習題 ② /

1. 朗讀一篇文章，錄下你的聲音聽聽看。
2. 請朋友聽一聽你的發音。
3. 試著每天早上做發音練習。

必須刻意練習——咬字清晰

由於科技發達，通訊軟體越來越多元化，口語表達能力相對越來越疲弱。許多人不善於用力講話，講話的聲音越來越小，咬字發音含在口腔內，並沒有完全把聲音發送出來，甚至許多字詞都連在一起，讓聽話的人，一下子無法辨識他到底在說什麼。這個時候，通常不耐煩油然而生。

每一個字「粒粒皆清楚」地說話，是現代人很欠缺的說話基本技術。多半是因為講話的速度過快，導致所有的字詞都黏在一起。說話，要說得清晰，是一種習慣，在每天的生活中都必須去「**刻意練習**」，練習久了，融入生活，就變成一種習慣。

在我們過去的研究當中，尤其是只透過語音溝通的工作，比如電話銷售人員、客服人員等等，咬字清晰非常重要。

俊傑明白他也碰到了類似這樣的問題，他常常講話咬字不清。我跟俊傑分享，我們曾經做過很多關於好感度的問卷調查，不同的人在台前說話時，台下的觀眾對於說話者的好感度，發音咬字具有舉足輕重的力量。

發音咬字清晰，聽得人聽得清楚之外，甚至有些人會覺得專業、聰明。我們的研究調查，讓人覺得跌破眼鏡；專不專業、聰不聰明，竟然和發音咬字的清晰度正相關。這個時候俊傑笑了，我也笑了！

在我們的訓練過程當中，我希望俊傑能夠透過閱讀文章，一字一句清晰地把它唸出來，甚至錄下自己的聲音反覆聽。這是一門人生的功課，當你不斷練習，而且隨時注意，咬字就會越來越清晰，對於他人的影響力也就更大。希望正在閱讀本書的你也願意如此。

從日常生活開始——語氣適當

我跟俊傑說：「相信你一定不會否認，說話是一種感覺，聽話也是一種感覺。」他說：「是的！」我問他：「為什麼你會對一個人的說話感覺好呢？」他想了想說：「應該是說話的方式吧？」我說：「是的。更精準的答案是和他的『語氣』有直接的關係。」

有些人語氣直接，讓人覺得有壓迫感，有些人語氣委婉，讓人覺得沒自信。語氣，是GAS的態度學當中最基礎的一部分。**每一種情境，會對應一種語氣**，可是有些人的語氣是平的，這也是很多學員在我的課程訓練中最卡關的！

一個公開表達與簡報的開場：「大家好！很榮幸跟在座的夥伴分享我們公司的新商品。」這是多麼充滿熱情的一句話，但是多數人練習時，卻要練習很久。

不知道你可以想像什麼叫做熱情的語氣嗎？你希望別人熱情地跟你說話嗎？

在我們的態度學中，熱情的溝通與表達，是非常重要的關鍵因素，沒有人喜歡你說話的時候帶給對方冷冷的感覺。我問俊傑：「熱情的說話方式是如何的呢？」他想了想說：「應該是笑著說話吧？」我跟他說：「熱情地說話，有兩個最重要的關鍵因素，一個是你提到的笑容，一個是聲音稍微高一點。」

帶著笑容說話和沒有笑容地說話，聲音聽起來是完全不一樣的。我們經常在課程當中，要求學員一直帶著笑意說話，真的是太折磨他們了。可是，因為這樣子的演練，讓他們在生活中與工作中，說話的時候帶著笑容的習慣慢慢建立起來，讓人感覺熱情度提高，影響力也變大。

在面對溝通的時候，不同的情境衍生出來的語氣，有的時候是十分絕對的。例如道歉的語氣，絕對是柔軟的，不可能是剛硬的；激勵的語氣，絕對是用力的，不可能是輕柔的；讚美的語氣，絕對是上揚的，不可能是下墜的；關心的語氣，絕對是緩慢的，不可能是急促的……

不見面的溝通，語氣更是重要。

俊傑聽著聽著，一次一次地跟著我演練，我看著他不斷點頭領會。

/ 練習題 ③ /

如果可能，

請你試著用不同的語氣呈現出以下的話語。

關心的語氣：「你還好嗎？有發生什麼事嗎？」

激勵的語氣：「我們一起努力往前衝！」

這兩句話的語氣，其實差別很大。

問問你身邊的人吧？

他覺得你關心他嗎？他覺得你在激勵他嗎？

越來越自然的眼神與表情

肢體語言對於溝通的影響，在很多研究當中都已經顯示是極其重要的，甚至有很多專家學者提出了肢體語言所傳達的心理層面的意涵，也提出了很多分析報告。

我跟俊傑說，我就不針對肢體語言的一些分析跟你說明，我只想跟你分享一件事：現代人對於說話者的表情，越來越要求「自然」。多數人不太能接受說話的人老是「端著」說話，彷彿我們小時候那種的演講表演。我跟俊傑說：「就像一個人在台前介紹一本書，你絕對不會希望你看到的分享，是一場很八股的演講。」他說：「那當然。」

不管你是面對鏡頭，或者是站在眾人前面公開表達，有一些基本的禁忌是必須要注意的。站著的時候，雙手不要抱胸，這個動作是代表排斥的肢體語言；坐著的

視訊會議與視訊溝通
眼神要看哪裡？
說話的時候，
眼神看鏡頭。
不說話的時候，
眼神要看螢幕。

時候，雙手不要托住下巴，這個動作讓人覺得慵懶不專注。無論是站著或坐著，請注意盡可能不要駝背，上半身是挺直的，會讓看到的人，感覺比較受尊重。

說話的時候，手的動作很自然地抬起或放下即可，然而動作不宜過多或瑣碎，會讓人的注意力焦點被分散。

如果能夠帶著笑容訴說，那是最棒的。另外，眼睛請想辦法看著鏡頭，這樣才會讓聽的人認為你在看他。這一點很重要，卻得花很長的時間練習。

視訊會議或視訊溝通的時候，因為通常我們是看著螢幕（對方的影像），不是看著鏡頭。俊傑問我：「那麼，何時可以看著螢幕呢？」我說：「你不說話的時候，因為你要看著對方。」

只要你抓住這幾個表情練習的肢體語言，相信你的影響力會越來越好，也會更滿意自己穩定的表現。

俊傑聽我說了這一大堆之後，他把這六大面向的基本功，慢慢融入他在工作時的口語表達當中，無論是和客戶溝通，和同事溝通，和長官溝通，他都不斷地要求自己做到。

而每一週的分享，他被點到上台時，越來越能從容自在地表現自己。不僅同事之間對他的信賴感提高，由於他在口語表達上的穩定表現，長官也把他拔擢成為講師，巡迴各地的分公司授課。

這個章節中，我們提供了一些練習方式，當然你也可以試著想像如果你是俊傑的話，你怎麼樣來提升這六大面向的修練？怎麼樣讓自己的邏輯更好？怎麼樣讓自己的語速更穩？怎麼樣讓自己的用詞更精準？怎麼樣讓自己的發音更清晰？怎麼樣讓自己的語氣更適當？怎麼樣讓自己的表情更自然？

第 3 講

不見面溝通的用字遣詞方式

範例說明

「你難道不能幫一下忙嗎？」惠恩被同事質疑了。他覺得很不舒服，平常他也很熱情，也很願意幫忙，他也不是不幫忙，而是他沒有注意到同事需要幫忙。

「你難道不能幫一下忙嗎？」**這句話聽起來，像是同事在抱怨！**惠恩雖然過去幫忙了，但是惠恩心裡面還是有點不太舒服。

惠恩跟我討論到這個問題，他問我，碰到這樣的情況，應該如何處理呢？

抱怨式的請求，讓人不舒服

說話的能力，和用字遣詞的能力有直接的關係。當用字遣詞的能力沒有提升，表達思想的時候，第一時間常常抓不到正確的詞句來描述想法，讓溝通的效能變差。更可怕的是，用錯詞句來描述想法，還會造成別人的誤解。

在很多的溝通情境當中，某一些話該說，某一些話又不該說，這真是折騰我們的腦筋。

我跟惠恩說，現在請你想像一個狀況，在一個吵雜的教室，班長走進來，跟同學們宣布一件很重要的事。「各位同學請注意，請記得明天上課要帶老師上次交代的作業。」結果第二天，有些同學沒有帶作業。我問惠恩，為什麼會這樣呢？他說，因為大家沒專心聽啊！

是的，我們把當時的狀況改變一下，一樣是一個吵雜的教室，班長走進來說：「各位同學請安靜，現在請大家安靜一下，我有一件很重要的事情要宣布。」班長還刻意地停頓了一下才繼續說：「請記得明天上課要帶老師上次交代的作業。」結果全部的同學第二天都帶了作業。因為**我們透過了不同的用字遣詞與方法，讓對方的專注力提高**了。

我請惠恩再想像一個狀況，一個業務員在大賣場推廣廚房清潔產品：「非常好用的清潔劑，可以讓廚房變得更乾淨。」這樣說的成效非常有限。我問惠恩，你會買嗎？他說，可能會。

如果這個業務員換了一個說法：「想讓廚房變得更乾淨嗎？這個清潔劑真的非常好用。」你會不會比較被吸引？惠恩說，會的。沒錯。業務員換成後面這一種說法，來看的人的確變多了。

然後，他再換一種說法：「想讓廚房變得更乾淨嗎？這個清潔劑，不僅非常方便，還是天然環保的。」不僅來看的人變多，並且開始有人購買。

以上都是我們曾經做過的實驗，實驗中很清楚地顯示，當用字遣詞改變，造就的結果是完全不同的。惠恩點點頭，他笑了。

多說了一句話、少說了一句話、用另一種說法來詮釋相同的概念，都會有不同的結果！這是經過各種不同的實驗所證實的。用字遣詞是一種「**有意識的構思**」。

惠恩問我：「可是老師，溝通通常發生得很快，構思能有辦法那麼快嗎？」我說：「其實透過學習，各種不同的狀態都經驗過之後，用字遣詞的準度與速度都會提升。」惠恩又問：「生活中有這麼多不同種類的狀態，用字遣詞的反應哪有可能這麼快速呢？」我說：「其實我們的生活當中，經歷的重複率非常高，在工作當中更是如此。親子溝通也好，情感溝通也好，甚至帶領團隊、業務推廣、客戶服務，都是一種可以量化歸納的法則。」為什麼？哈！因為重複率真的很高。

溝通這件事之所以不容易，就是因為**我們聽到的語言會轉化成一種內心感受**。

雖然每一個人對語言的理解與感受都不一樣，然而在我們的研究中，人們的內心對某些語言的「**好感度**」比較高，所以常用這些讓人覺得「好感度」高的語言，你和對方溝通的達陣率也會提高。

我跟惠恩分享說，這是在我們「GAS口語魅力培訓」課程中不斷探討演練的「策略型說話術」，講述的是當我們想達到什麼樣的目標，透過用詞精準度提高，目標比較容易達成。

能夠創造好感度的詞句，我認為是「神奇字眼」，而這些神奇字眼進入人們心中的影響，完全是以心理學與行銷學作為基底。看看那些很會寫廣告文案的人，你就知道他們對於用字遣詞掌握的能力很強大，那都是基於一種行銷與心理的訴求。

我跟惠恩舉了一個例子來詮釋用字遣詞的影響力。當你碰到很難溝通的對象時，溫暖而誠懇地講出「如果你願意的話，或許可以站在我的立場思考」，這是一句有力量的話，也是很好用的一句話，它企圖誘導對方進入你的思想。

可以先從「書寫」開始

另外，不能見到對方的面，透過電話、語音，甚至遠端視訊的溝通，你不在他的面前，如何讓他專注在你的思想中遊走呢？用字遣詞的能力，幾乎是每分每秒考驗著訴說者，因為聽的人可能已經在上網，也可能在玩手遊，你根本不得而知。

我提醒惠恩，用詞是必須在日常生活當中不斷練習與構思的。過去到現在，我們不斷地在課程當中和學員們探討的「語言系統」與「正向語法」建立，就是如此。

作為一個研究者與教學者，我還跟惠恩說，從古希臘時期的「語藝學」（Rhetoric）探討到近代危機管理與競爭溝通的用字遣詞，如果你也感興趣的話，可以找亞里士多德相關修辭學以及邏輯學的著作來看，他可是這方面學派的先驅與翹楚。

惠恩跟我討論之後，他重新思考了用字遣詞的意義，也買了一些相關書籍來閱讀。在每一次的艱難溝通情境，他**把自己的想法**，**用精準的字詞寫下來**。不管是要打電話跟對方說，或是發一個訊息給對方，書寫是很重要的一個練習，越練會越精準，也比較不容易讓對方的感受不好。

那天，因為同事需要他的幫忙，講了一句讓惠恩不太舒服的話。事情結束之後，惠恩發了一個簡訊給同事：「今天上午，你要我幫忙的時候說：『你難道不能幫忙一下嗎？』我知道你很想要同事幫忙，又找不到人幫忙，心裡一定很急。下次如果你還有什麼事要我協助，你只要說：『惠恩來幫我一下！』我一定會在你身邊的。」

之後，這個同事不僅跟他互動越來越好，最終還成為他很好的朋友。

/ 練習題 ④ /

字詞是語言的基礎，從現在開始，為了能讓你的用字遣詞更精準，建議你可以試著這樣做做看：每一天開始朗誦一篇文章，並且把文章錄音下來，第二天回放給自己聽。

當你在朗誦的時候，對文字轉變成語言的能力會越來越強，以後在和別人對話的過程當中，你抓取字詞的能力就會更快速。

在我的成長歲月當中，有將近十年的時間，

我每天晚上都在睡前唸書三十分鐘，不只是用眼睛看而已，

而是輕聲朗誦出來。相信如果你也這麼做，

對於字詞的掌握能力會變得非常強大。

Chapter 1 溫暖提醒

這是本書的第一個主題，我們談到了「影響力」，這是人際溝通的關鍵詞。

我從事廣播主持工作多年，從台灣到世界各國的華語廣播，製作過的節目集數以及訪問過的來賓人次，已經無可計數。

會説話不見得懂説話的我，從研究説話、教授説話，讓我自己懂得如何説話之後，也越來越喜歡自己。

這種感覺就好像一個會打籃球的人，被推到籃球場上，得心應手地打球，是多麼快樂的一件事。

説話的目標明確，態度穩定，技巧純熟，在在考驗説話者的意識流，這也是讓別人更懂得你的核心思考。

邏輯順暢、語速穩定、用詞精準、咬字清晰、語氣適當、表情自然，這六大面向是提升口語表達影響力的重要關鍵。只要注意這六大面向，並且訓練得宜，你一定能成為一個魅力無窮的説話高手。

Chapter
02
不見面的延伸力

不見面的溝通，必須先練好技術，
才能在每一次的溝通中，讓延伸力變得越來越強。

開場白

宜芬在一家國際知名的飲料公司服務，她是電話客服人員，無論是餐廳、小賣店、大賣場，都是她接觸的對象，在公司SOP的規則之下，她會避開那些客戶很忙的時段。雖然她都能用電話聯絡上客戶，但是如何探究客戶的內心世界？如何聽出客戶到底是真拒絕、還是真的很忙，還是真的不需要？……這讓她一直以來很困惑，往往只能順水推舟，業績一直都平平，並沒有什麼太大的突破。我在他們公司上課的一次課間休息時，她跟我提到了以上的困擾。

其實，在生活與工作中的溝通，不僅僅局限於話語，現在用文字的溝通時間，幾乎超過了話語的溝通。甚至我聽過有些夫妻，明明都在家裡，從書房走到客廳都

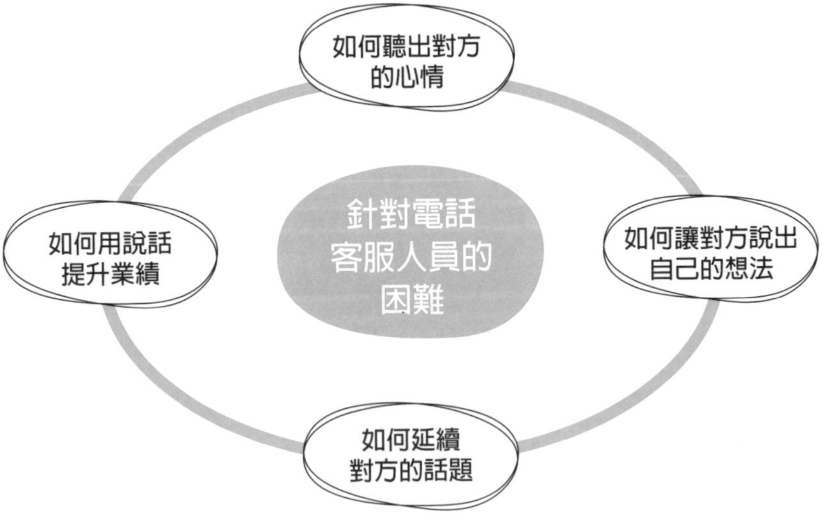

懶，還用通訊軟體在聊天。

現代的溝通越來越簡約、越來越快速，導致溝通越來越不容易。在工作中，如果你又是經常必須用電話或是語音溝通，完全見不到對方的臉，你該怎麼樣聽出對方的心情？你該怎麼樣知道對方的想法？甚至，應該如何延續你和對方的話題，而不至於很快成為句點王？我跟宜芬說，我想這就是你碰到的一個最大的困難。宜芬點點頭說：「是的，沒錯！」

第 1 講

看不到表情，如何聽對方心情

範例說明

潔西卡跟宜芬幾乎碰到了相同的狀況。潔西卡是一家知名藥廠的業務人員，她拜訪的對象是大小診所與醫院，除了勤快地去拜訪，後續電話追蹤、跟進，幾乎是工作當中的必須。

透過電話溝通，如何能夠創造溝通對象的好感度呢？這些溝通對象，可能是醫師、藥劑師等等，藥廠的競爭如此激烈，她公司擁有的藥也不見得是獨一無二的，即便專利期還在，也有很多的替代藥物可以選擇。潔西卡問我，該**如何在一次一次的溝通當中，真正理解對方的需求呢**？

我跟潔西卡說，我們常常認為說話是表達思想，其實在我們所有的研究當中，說話當然是在表達思想，但是在表達思想之前，有一個非常重要的前提，是你如何了解對方呢？

當你不了解對方，只是一直表達自己的思想，影響力是不會提升的。

話語之所以有力量，它不僅可以激勵人、安慰人，更重要的是可以引導出別人的思想。但當我們看不到對方，不管是溝通、開會、簡報，如何了解對方的心情，這是一門很深層的技巧。

知道對方在意的是什麼，才能對症下藥；知道對方碰到的問題，才能真正解決問題。可是最麻煩的是，人與人之間的相處互動，對方不見得會說出自己內心真正的想法。或許是因為社會化的過程，讓他有所保留；也或許是希望更安全，所以不急著說出來，因為有時候太急著說，反而讓自己陷入險境。還有一種可能是，他自己還不清楚問題到底在哪裡，自己也還不清楚到底需求是什麼，所以也說不出個所以然。

在人際互動的過程中，清楚地知道對方到底要什麼，這是一個非常重要的課題。如果你根本不知道對方內心的想法，是很難切中主題，甚至很難搔到癢處。

他可能會覺得：「你根本不了解我，你還來跟我談做什麼？」潔西卡說：「沒錯！尤其是醫生，他們常常會有這樣的反應。」

我跟潔西卡說，了解對方的想法有三個步驟，非常管用。

比如在一個商業提案之前，如果有機會跟對方討論某些議題的時候，你可以直接問：「關於這個案子你們最在意的是什麼呢？是銷售量的提升？還是品牌知名度提升呢？」「像這樣子的採購案，你們預計花多少預算來運作呢？」這些都是直接提問的方法，你**直接切進一個「目標明確」的關鍵詞**，比如說「銷售量」「品牌」「預算」等等，這些字詞具有「誘導性」，能夠直接引導對方的腦子進入你的描述世界。而不是只是很空泛地問：「你們最在意的是什麼呢？」因為這樣的問題「指向性」非常不明確，因此毫無誘導力。

所以，不管你從事哪一個產業，請你抓出你**銷售的對象，他們最在意的「關鍵**

詞」**可能是什麼**？多想幾個不同的面向吧！

當我們提出具有指向性的問題，「如果對方有想法」可能會直接說，也可能是比較保守地說，例如「我們是比較在意品牌的延展性，還可以在短期內創造品牌的知名度」或者「我們的預算大概可以抓到是四百萬或五百萬左右」，即便是一個「大概的保守描述」，你也有比較明確的方向可以遵循。

然而，如果他沒有具體的想法，可能的回答是「目前我們還沒有什麼特別的想法，所以未來想聽聽你們專業的意見」「這些細節我們公司還沒有確定，可能再過一陣子才有一些方向」這樣的回答，這種回答會有兩種可能。

A. 他真的沒有答案。

B. 他有答案，只是不想說。

然而，到底是他沒有答案，還是有答案，卻不想說呢？

第二個步驟：旁敲側擊

我們通常會建議問問他身邊的人，一個企業或團隊，內部總會溝通很多事，對於工作執行大致上的方向應該是有一些譜的。團隊的成員，你也不可能一個都不認識，所以主導者可能並沒有什麼意見，但是你可以問問比較資深的部屬，或者他的助理，有可能可以得到一個不錯的答案。

如果你和團隊的某個成員關係比較好，跟他說「你們內部討論的時候，副總有講過什麼樣的需求嗎？比如說預算啦？銷售量啦？」這就是所謂的旁敲側擊。

舉個很簡單的生活例子，你的好朋友看起來心情不好，你怎麼問她，她都不願意說，你可以問問朋友身邊的朋友：「我覺得小芬今天心情好像不太好，有發生什麼事嗎？」這個是很簡單的旁敲側擊的概念，人與人之間的互動，訊息的來源很多元，然而最終的判斷還是在於你。

等旁敲側擊之後，**大概有了方向，就可以回到第一個步驟**，直接提問丟出幾個「目標落點」，比如「感覺你心情不好，好像是那個案子執行得不順利？還是老闆有跟你說什麼嗎？」因為你大概講中了他的心情，他極有可能會跟你分享的。我講到這裡，潔西卡已經開始若有所思地微笑點頭，我想，她心裡應該有浮現出很多想像。

第三個步驟：投石問路

人類的思想放在心裡沒有說出來，但那個思想依然存在。如何「勾引他說出」，這是一種「猜測法」或是「揣想法」。也就是「以你對他的基本了解」提出一些你的猜測論述，而這個論述可能就是你衡量他思想的「標準」。比如，你並不知道客戶他的總體預算的落點，你直接提問，他也不願意說，可能在溝通會議結束之後，你突然回頭問他說：「副總，如果這個案子我們預算編列在四百五十萬，您覺得如何？」

當你突然說出這句話之後，你必須非常仔細地看他的反應，他的眼神、語氣、回答，都呈現出他對這個關鍵詞「四百五十萬」的落點反應。如果他反應遲緩，回說：「嗯～我覺得……應該……ＯＫ吧！」不是很肯定。那麼極有可能你提出的這個數字落點，他覺得貴了。

如果他很明快地反應：「嗯～我覺得ＯＫ呀！你們可以規劃一下。」這樣子，顯現出你的猜測是很接近的，甚至可以往上再加一點點金額。

投石問路，這樣的方法，可以應用在非常多的地方，是一種猜測，也是一種探究，你會**漸漸地透過這些「不同猜測」的議題，慢慢聚焦到他真正的渴望與利益上**。

投石問路，這樣的方法事實上是利用心理學上的「**感知效應**」。我們對任何一件事情都有既定的感知，一瓶礦泉水的售價，那是一種既定的規則，同時也是一種感知。你會知道礦泉水大概是幾十塊錢買得到，如果一瓶和市場上一模一樣的礦泉水賣到兩百元，我相信你會覺得廠商應該瘋了。

我們對任何一件事情都有所謂的基本認知，如果他已經認定了這件事情「應該這麼做」，但是他並沒有說，如果你剛好說中了他的想法，他極有可能「同意你」。

我勉勵潔西卡，希望我談到的這一切，未來可以應用在她的生活與工作當中。

我和潔西卡討論了許多她碰到的不同狀況，經過了一段時間，她和許多醫師、藥師等這些專業人員的互動中，抱持著誠懇與熱情的心境，掌握了多數溝通對象比較偏知性、理性、內斂的個性；而在潔西卡花了許多心思更了解對方的個性與思想之後，也和他們的關係更進一步。

因為潔西卡開始懂得透過技巧性的話語了解對方的需求，於是更容易說服他們。因為潔西卡了解溝通對象的心情，不僅創造了對方的安心，也讓他們信任潔西卡，潔西卡的業績也越來越穩定。

/ 練習題 ⑤ /

要去探究別人真正的想法，並不容易。
請試著在工作場合中練習。
今天有一個會議，或者想跟老闆報告一件事情，
而對方的回答可能都是那種模稜兩可的狀態，
你就順勢把你事前想好的「石」投出，
看看這樣的投石問路，是否奏效？

Q：如果這個案子的預算編列在四百五十萬，您覺得如何？
A：嗯……我覺得……應該OK吧！你去規劃一下。

第 2 講

看不到對方，延續話題的能力

範例說明

有一天晚上，我在台北的文化大學推廣部上課。偉旭在課後跟我聊到他跟同事之間的互動，他一直沒有辦法融入同事之間。他不是一個能言善道的人，更不是一個很會和別人哈拉聊天的人。常常面對的狀況，是大家在聊天，他自己一言不發。他說：「不僅插不上嘴，也覺得自己沒什麼好說的。而線上溝通更嚴重，他根本不知道要說什麼！」他很想突破這樣的困境。

我跟偉旭說，無論是面對面溝通，或者是使用不同的工具遠距溝通，無非是希望透過一次一次的溝通，**建立彼此的關係**。

有一個非常重要的人際溝通鐵律：「為什麼你要和他溝通？為的是你和他的關

係，而如何建立關係？必須要透過溝通的頻度來建立」。也就是你幻想建立關係的人，溝通的次數不能太少。如果能夠增加溝通的深度與長度，關係的建立當然也就會更好。

一個善於溝通的人，會把溝通的**主導權掌握在自己手中**，一旦掌握了「發球權」，而且懂得發球，溝通的尷尬度會下降，溝通的深度與時間長度便能掌握在自己手中。

面對面溝通的時候，比較能夠創造話題，然而不見面的時候，怎麼樣延伸話題呢？我跟偉旭分享以下四個方法，值得他在工作與生活中思考運用，不管是見面互動，或線上互動，相信一定會有一些意想不到的效果。

延續話題的能力，建立彼此的關係。

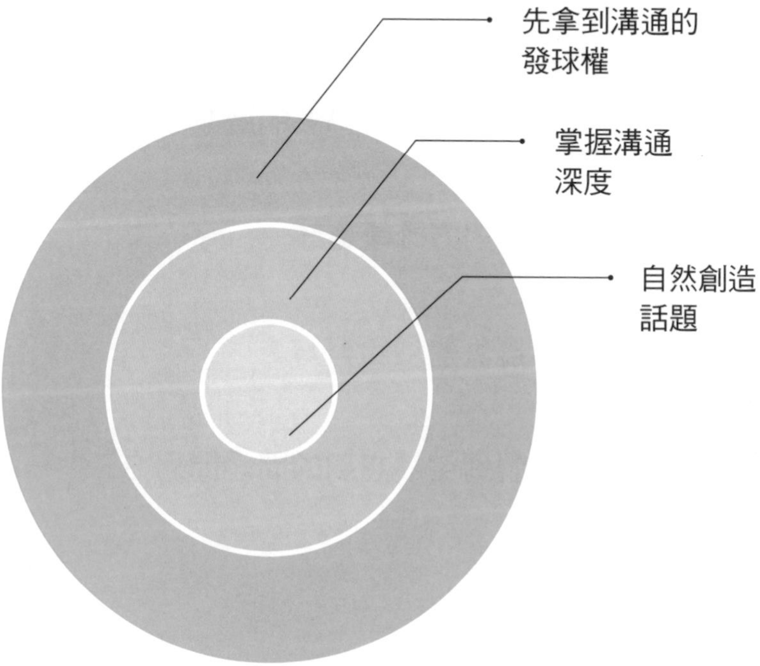

面對面或不見面都適用
延伸話題的四個方法

1. 請對方分享過去的經驗

2. 請對方分享專業

3. 提供選項給對方

4. 製造突然想到的問題問對方

方法一：分享過去經驗

不見面的視訊溝通、語音溝通，**如何在短時間內讓對方被你吸引？**提問，是一個很好的方式，然而要問什麼問題呢？

工作中，我建議偉旭開始思考「**分享交流**」這個狀態，如果你請教對方：「不知道過去你們執行這個案子的時候，有沒有什麼比較特別的經驗，可以給我們建議呢？」或是「過去您一直生產這個產品，消費者的反應應該都還不錯吧？」更甚至你做過功課，也可以請他分享自己過去的成就。「我在網路上面看到你們曾經辦過一個行銷活動，在台中公園，參與的人超多的，感覺好棒喔！」相信他一定會接話的。

每個人的過去經驗很多元，在工作當中如果能夠適時地了解對方有哪些經驗，並且勾出他願意分享的動機，那你們之間的關係就會建立得更好。

偉旭皺了皺眉頭說：「老師，那麼我們還是得要對對方有些了解啊？」我說：「當然！我自己從事媒體工作，經常採訪來賓，如果我對來賓不了解，我根本無法挖出他過去的經驗分享。你可以想像，如果你是一個主持人，採訪來自馬來西亞的創作歌手光良，你要問他什麼問題呢？如果你想要從他過去的經驗延伸話題，你勢必得花一點時間了解他。」偉旭問：「我們要從哪裡開始了解呢？」我說：「網路啊！網路上面一定有對方公司的一些介紹，或者是執行過某些活動的訊息，如果網路上沒什麼太明確的資訊，你也可以問他的同事、夥伴，這樣才能夠了解他。」所以**和別人互動，一定是要做一點功課的**。

方法二：請教對方專業

每個人在行的事情都不同，然而，如果你對別人的專業感興趣，很想理解對方到底是怎麼樣練就他們一身專業的武功與技術，這個方向，是人際溝通十分有力度的話題。**讓別人談自己的專業，通常他的意願度很高**。

我跟偉旭說，根據GAS的研究，在沒有競爭的考量之下，約有百分之五十八點八的人很樂意分享自己的專業，也就是十個人裡面，大約有六個人很願意把自己的專業分享出來。如果你又點出了自己的需求，表示自己不明白，很想跟他請教，他分享的意願更高，大約有百分之七十五點二願意分享。

舉個例子來說，如果你對口語表達很感興趣，想問像我這樣子的口語訓練的老師。「王老師，我知道你從事口語培訓的教學非常多年，很多人都說你在這方面很專業。我覺得自己表達能力很弱，尤其公開簡報的時候，老闆都說我口語表達不是很順暢，邏輯不是很清楚，想跟王老師請教，不知道有什麼樣的方法可以讓自己更進步呢？」這樣的提問，是很完整的提問方式，通常對方都會回答一些內容。

當然也可以很簡單地詢問對方的專業。「我對做糕點很有興趣，做糕點有怎樣的方法，比較容易成功？」雖然這樣問的方向很寬，並沒有什麼特殊的「問題重點」，但對方還是會願意把他的專業跟你分享的。

我跟偉旭說，所有的研究與觀察發現，人們對於分享自己在行的事，是很有成就感的。也因為你在提問的過程當中，對他的專業產生了學習心情、好奇心情，更讓對方的成就感提升，相對而言他對你的好感度也會比較高。

偉旭這個時候笑了，他說：「老師提供的這個方法太好了，到處去問別人的專業，我一定要拿來用。」我也笑了。

方法三：落點式的選項

問一個好的問題，可以**延伸話題**；問一個爛的問題，可以**句點話題**。

舉個例子來說，如果你和對方談一些生活的話題：「你平常喜歡吃什麼呢？」這個問法不好，因為他可能也一下子想不出答案，可能會回：「都還好耶！」這樣子，其實挺難接話的。

如果，以「落點式」的方法來問話，效果會完全不同。比如：「你平常喜歡吃麵？還是吃飯呢？」你可能會聽到這樣的答案：「嗯！我平常比較喜歡吃麵。」「是拉麵嗎？還是台灣的炒麵？」「拉麵不錯！」「我也喜歡吃拉麵！我曾經去過西門町一家拉麵館，他們的拉麵很不錯，下次可以一起去。」這樣的互動例子，你應該很容易理解，一個好問題，延伸性就比較強。

在職場當中和對方溝通的時候，如果只能溝通工作的話題，感覺談生活的議題怪怪的，因為和他沒有那麼熟，他可能也是比較慢熟型的人物，你如何讓他和你的話題延伸下去呢？舉例來說：「關於你們採購的產品，你們通常會比較喜歡搭配公司環境的顏色？還是比較依照你們老闆的喜好呢？」這個問題看似有點無聊，可是問題被丟出來了，問題中有兩個選擇。

對方有可能會回答說「老闆會尊重我們的選擇」或者是「一般決定權在老闆身上」，然後你可以再透過他的回答，延伸更多不同提問。

我跟偉旭說，講到這裡相信你更明白這樣「落點式」的問題，延伸性會好很多。這時候的偉旭，點頭如搗蒜說：「完全明白了！」

方法四：製造突然想到

常常我們和別人互動交流的時候，話題延伸出來，希望能夠和先前談的主題有關，也會比較好延伸。

在我們的訓練課堂當中，我們會期許一個懂得問話的學員，像是記者一般，也就是所謂的「採訪技巧」要好。問了一個問題，還可以從答案當中找出另一個問題，再**從另外一個答案當中，問出更深入的問題**。

以上是話題延伸的基本架構跟概念，我跟偉旭繼續說了另一個方法，挺管用的。也就是你事先先想好，你想要跟他討論的事情，或者是你可以創造一個主題，就說「我突然想到一個問題想請教你，就是我記得你們去年的時候，有去韓國員工旅遊，不知道你覺得有哪些地方是印象深刻的？或最值得去的？因為最近我想和家人去韓國一趟。」或者「我突然想到一個問題想請教你，我記得你曾經跟我提過你喜歡慢跑，而且跑過半馬跟全馬，不知道跑步一開始的時候，要注意什麼事呢？比如要買什麼鞋子？穿怎樣的衣服？因為我最近也想跑跑看。」

這樣的「**我突然想到……**」幾乎是什麼話題都可以談了。

只要你事先設定了一個話題或主題放在心裡，等到你和對方的談論告一個段落，你就可以提出來。相信對方不會置之不理，至少會和你簡單地聊一下。這是創造溝通延伸力，很有意思的一種技巧。

之後的偉旭幾乎完全改變了和別人的互動方式，也把這些方法用在家人身上，刻意經營、創造和家裡的每一個成員的互動。

偉旭開始慢慢地影響了身邊的員工、夥伴，互動的關係更順暢，也體會了不斷地溝通，是建立良好關係的原動力。

沒錯，人與人之間「能夠繼續聊下去」是關係很重要的基礎，不管他是你的家人、朋友、夥伴、同事、長官、客戶……都是如此。

/練習題⑥/

你是不是可以立刻在工作當中使用這些方法呢？

明天跟同事或跟老闆見面的時候，

你想要引導出對方的想法，

今天先想幾個「落點」，

明天試試看，

看看會發生怎樣的效果？

第 3 講

如何讓話語與文字溝通接軌

範例說明

記得剛見到傑夫的時候，感覺他很消沉，心情不太好。

他是一家科技公司的業務，剛開始推廣公司產品的時候還算容易，之後市場上出現了非常多和他們公司產品同質的東西，導致業績擴大越來越不容易。有時他去拜訪客戶，還可能碰到競爭對手的業務出現。他說：「我碰到了業務推廣的溝通問題，讓自己陷入困境，繞不出去。」

我跟傑夫也談到關係的建立十分重要，然而，我更進一步跟他分享，溝通的工具除了用語言之外，還有文字。也就是說用嘴巴講完之後，還可以補充一封電子郵件，或者是用通訊軟體發某些訊息給對方。

讓對方印象更深刻

一般而言，開完會之後，我們都會做會議紀錄，其實視訊會議，或電話會議也需要 meeting minutes，這就是文字的延伸。

這是非常重要的溝通行為，也是必須的溝通行為。哪怕你只是跟對方一個簡單的電話討論，我們也會建議在信件當中很簡單地描述一下你們雙方通電話的內容。「今天上午和你通電話的時候，我們針對生產線的排程，有一些討論，如果你也同意，我們會在四月十五日上機開始運作生產，等候你的回音。」類似這樣的簡約說明，可以讓你們的話語，有了文字紀錄，未來追蹤起來也比較方便，不然有些事情討論完，對方死不認帳，還是挺傷腦筋的一件事。

另外，如果你和對方是初次透過語音或視訊開會，討論結束了，在下線之前，建議你留下對方的 LINE 或是微信等等這些通訊的方式。

留下來之後，下線了，你可以追加一些文字，或許是讚美，或許是恭維，可以讓剛才會議的好感延伸下去。比如說「今天非常謝謝副總撥出那麼多時間，跟我們討論未來專案執行的議題，我們從副總的身上學到很多，也感受到您真的非常專業，希望未來我們有更多的合作機會，保持聯絡。謝謝！」這是善意交流之必要。

有時候文字的溝通，比話語的溝通更有威力，因為文字是一種圖像的結構，透過視覺看到文字，意識會更清晰，感受可能也會比話語更深刻。

通常我們會建議學員在溝通與開會之後，如果能夠，請追加一封信，追加一個簡訊，可以讓對方對你的印象更深刻。

傑夫把文字技巧應用在工作上，還延伸到和他太太的溝通，他發現話語溝通之後加上文字溝通，力量變得很大。

我和傑夫認識很久了，我們亦師亦友的關係一直很好。他還曾經跟我分享：「文字溝通延伸的持續力，靠的是細心與毅力。用嘴說過的事情，利用文字修飾美化，再傳遞一次，是一個非常好用的方法，也會讓對方產生穩定的感受。」我覺得他真的很棒。

/ 練習題 ⑦ /

如果可能，
建議你比照這個章節談到的內容進行，
會議也好、溝通也好、同事也好、家人也好，
試著想想用語言溝通完之後，
還能夠追加怎樣的文字紀錄？
或者能夠發一封訊息增加他對你的好感度？

Chapter 2 溫暖提醒

無論在工作或生活當中，說話的「延伸力量」，是創造關係延伸的重要關鍵，而無法見面的溝通行為，常常在生活與工作中發生，因為見不到面，延伸力量就會下降得很快。

在飲料公司上班的宜芬，大量的電話溝通，每天耗神、耗力，有時候還講到喉痛聲啞。在她懂得溝通的延伸方式之後，和電話那一端的客戶，關係建立得也越來越好。潔西卡、偉旭、傑夫也是如此。

人與人之間建立了某種關係，合作才能持續進行，而關係的建立，更牽扯到溝通的次數與長度。這是我們在不見面的溝通學當中，必須要練就好的技術，否則關係沒辦法在每一次的溝通當中建立得很好。

但願你讀完這個章節之後，你和別人的溝通延伸力會變得更強，當然你們的關係也就會很自然地延伸下去。

Chapter

03

不見面的控制力

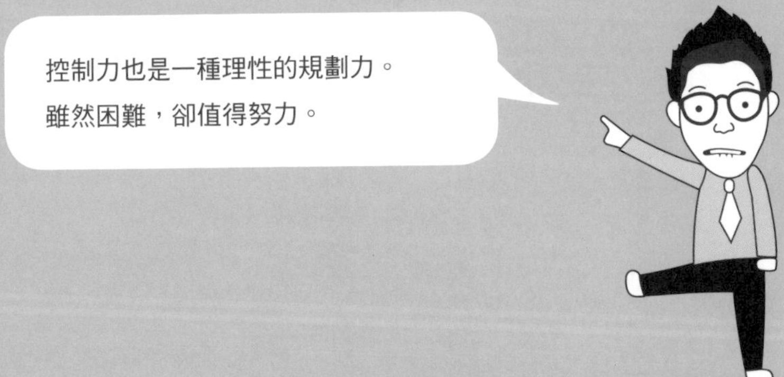
控制力也是一種理性的規劃力。
雖然困難，卻值得努力。

開場白

一天下午，建智跟我分享了一個困擾他的問題。他喜歡他目前待的這家公司，也喜歡他目前的工作，而公司屬於傳統產業，工作者的平均年齡比較高，許多同事講話會兜圈子，有時候還會無限迴圈地談同樣一件事，自己覺得很困擾。

尤其是資深的前輩和他一起去拜訪客戶，客戶甚至都流露出不是很想繼續聽的表情了，但是前輩卻沒有感受到！他不知道應該怎麼辦才好。

我跟建智說，在GAS口語魅力培訓的課程中，有一個很重要的概念，「**溝通之所以稱為技巧，是需要有意識地進行訓練、培養與體會**」，這是我們會和所有學員們勉勵的。

有意識地溝通，事實上就是一種控制能力。你會知道「什麼時候該停止，別再說了」！你也會知道「對方還沒聽明白，你可能必須要再加強一下」。

控制力，是一種理解他人與理解世界的理性能力，你不會讓你自己的思想無限發散，只活在你自己的世界。你會把思想拉回來，關注對方、關注環境，也關注事件。

控制力，除了是一種「拉回來的能力」之外，也會展現在說話語氣的技術層面上。比如，開心的聲音是怎樣表現的？無奈的聲音是怎樣表現的？道歉的聲音是怎樣表現的？……這是一種聲音中的情感，也是影響人很重要的關鍵，因為不同的情境，會有不同的聲音情感。舉一個很簡單的例子，你今天心情不好，因為才在電話中跟另一半起了衝突，但是公司要開一場激勵大會，你還是一樣必須用很有元氣的聲音鼓勵同仁。這是一種控制力。

第 1 講

適可而止的思辨能力

範例說明

有些人，很難控制自己的說話長度，常常把一件簡單的事情講得很複雜，通常的原因是心理因素。

多半的情況是，訴說者可能覺得別人聽不懂，所以會反覆講、反覆重述內容。我認識的安德森就是如此，他在一家大型企業擔任人資工作，他表達能力很好，卻有一個「對自己不是很有自信」的內心狀態，所以他怕自己講不清楚，會一直重複內容。

該停止的時候，就要停

常常我們和別人在對話的過程當中，有些時候你會覺得對方很囉嗦，而且反反覆覆一直在講同樣的事情，讓人覺得不想再聽，可是又不便打斷他的話，萬一對方是長輩、長官，更難處理這樣的窘境。

而你自己呢？你會有這樣的「毛病」嗎？尤其是從事業務行銷相關工作的人，一般而言，他們會非常積極、熱情地想和溝通的對象分享他的理念、服務、產品，有時候太過積極與熱情，反而會讓聽的人覺得很有壓迫感，好像不買你的東西，很奇怪；好像不買你的東西，不給面子！

如果讓聽的人有這樣的感覺，當然不好。比較符合人性的銷售邏輯，應該是**買方的意願度重於一切**，也就是以買方的內心感受為主要溝通的聚焦重點。

因此，從事行銷業務相關工作的人，我都會勉勵他們，一定要有「適可而止」的能力，這是一種思辨能力。安德森雖然不是從事業務行銷相關工作，不過人資工作也讓他練就了「碎碎唸」的好本領！哈！

知道自己似乎講太多了；知道自己似乎應該停止了；知道對方已經理解了；知道對方可能有點不耐煩了……這是思辨能力，思考與辨別同時存在。

每個人對資訊取得的充足度認知，有時候差距很大，這和個性有關。比較不安全感的個性，他希望你提供給他更多的資訊，讓他可以去分析；比較阿莎力的人，他覺得你講那麼多沒什麼太大用處。

對述說者而言，這是**重要的溝通智慧**。面對面溝通，還可以從對方的眼神跟表情來猜測對方是否對你的內容滿意，對你訴說的長度是否可以接受。

安德森說：「當我在和同仁溝通的時候，尤其對方沒和你面對面，只透過視訊或電話，在我訴說的過程，沒辦法非常清晰地觀察對方的表情，甚至完全看不到對方表情，從語氣當中也不見得聽得出來他真正的心情，實在很難了解我傳遞的資訊是否足夠還是太多？」

我建議安德森用一**些轉折性的話語，來試探對方**。這些非常簡單的方法，卻很管用。

「我感覺好像講太多了！哈哈！不知道你有什麼其他的疑問嗎？」這樣子的說法，不僅誠懇，而且可以試探對方還想知道什麼。

有些人可能只會想到：「我感覺好像講太多了！哈哈！對不起，耽誤你好多時間。」這是直接想要結束談話的語句，因此並不是很好的句子。

前面那句話，就好很多。因為它有試探性，如果對方回答說：「我沒有什麼疑問了。」表示你真的講太多，如果對方回答說：「關於你講的這個公司的服務流程，你能不能再講詳細一點？」聽到這樣的回答，那真是太棒了，表示他還有意願聽你講下去。

這種體會洞察的思辨能力，是一次又一次的經驗當中慢慢養成的。我跟安德森說，當辨別力越來越強，便可以很快速地分析理解對方的語氣和反應。當你在訴說時，對方反應比較緩慢，回答得有氣無力，這表示對方對你的內容並不太感興趣，那就應該適可而止。

接下來你必須產生的是思考力。你得要**思考如何轉折轉彎，並且創造下一次再聯繫或溝通的機會**。

比較好的做法是，當你確定對方不想再聽了，也確定對方沒有什麼疑問了，以業務溝通為例，可以這麼說：「如果您方便的話，我會先寫一封電子郵件給您，把相關的資料先寄過去。請問您的郵件信箱是？」一般而言，多半是可以取得對方的電子郵件信箱，畢竟只是寄一份資料而已。但是，如果對方說：「我不用看資料了，謝謝你。」那麼你就可以很清楚地知道，這次對話可能沒什麼太大的發展機會。但不是要你就放棄了這個客戶或這個對象，只不過要提醒自己，下回聯繫這個人的時間，可能要隔久一點。

如果對方同意給你電子郵件信箱，那真是太棒了。你寄了資料過去，過一陣子，很快可以再跟他聯繫，就可以說：「上禮拜三寄過去給您的資料，不知道您收到了嗎？看了之後有什麼想法嗎？」這一句話就是你和他開啟另一次聯繫的橋梁，如果對方說：「我有收到，但是還沒看。」那麼你可以說：「那先不打擾。我過一陣子，再跟您聯繫好了。非常謝謝您。」如果對方說：「我有收到，也看過了，如果有什麼問題我會主動聯絡你。」他如果這樣子回答，大概有百分之七十至八十的狀況是你們的發展機會很低了。

透過以上的說明，我還和安德森討論了很多他的說話方式，也分享了和溝通對象雙方來來回回的應對技巧，並且做了一些修正。安德森感覺好像是聽進心裡了！我跟他說：「我們在和別人溝通的時候，每個不同階段，如果能應用幾個精準而簡單的提問方式，不僅能夠有效確認對方的理解狀態，也能夠了解對方的需求。」

安德森開始收斂了他無限發散的說話方式，讓他對同仁的理解度提升，也讓他的工作效能提升了。

從現在開始，練習你適可而止的思辨能力吧！如果你意識到，自己好像講太多了，又發現自己很難下台階停下來，也或許不知道是不是該繼續講下去？那麼請試著用用看這句話：「我感覺好像講太多了！哈哈！不知道你有什麼其他的疑問嗎？」相信，你會覺得挺好用的。

你也有以下的溝通毛病嗎？

(X) 碎碎唸

(X) 短話長說

(X) 過度積極熱情

(X) 一定要說服別人的氣勢

(X) 緊迫盯人

第 2 講

創造聲音好感度

範例說明

許多人會跟我分享關於說話的一個問題，就是「覺得聲音不好聽，引不起別人的好感」。淑蕾就是一個很明顯的例子，她覺得自己的聲音不好聽，所以連說話都不是很有自信。她說，她發音咬字不清楚、不標準，曾經還有一度，自己覺得沮喪。

我跟她說，說話只是溝通的一種方式，沒有好與壞，表達清楚以及讓人理解最重要，我們做一點簡單的調整，應該就會很棒。

那一天，我先跟淑蕾談了我自己。我說，我是從事傳播娛樂產業起家的，過去和音樂圈、傳媒圈的工作者互動非常密切，這是一個充滿著「聲音」的產業，這跟我後來投入口語表達與人際溝通的教學領域，有直接的關係。

行為改變就有自信

我每天都要接觸與聲音相關的工作，擔任音樂評審，從事配音工作，訓練演員聲音表情……這一切的內容，都讓我對聲音的敏感度變得很高。

因為淑蕾跟我提到關於聲音表情跟發音咬字的困擾，我當時問了淑蕾一個問題：「你覺得有些歌手這麼受到大家喜歡的原因是什麼？是他的歌唱技巧很好嗎？還是他唱到了一首好歌呢？」淑蕾說：「應該是歌唱技巧吧！」

其實這兩個條件都很重要，可是最重要的原因，是因為他的聲線很容易打動人，這是聲音的一種魔力。每個時代，都會存在一種聲音，而這種聲音還能夠獨領風騷，帶動其他歌手用這樣的聲音表現歌唱的技巧。

而說話的概念，和唱歌的概念很像，說話的聲音是不是吸引人，是非常主觀的，但是當我們去看ＴＥＤ演講者的表現，或是有些直播主的表現，你不難發現我剛才講的狀況。

受到大家喜歡的人，多數的情況是他講話時，有一種很獨特的聲音感覺或表達的方式。

這樣的聲音感覺以及表達的方式是什麼呢？首先，發音咬字不能太不清晰，多數受人喜歡的演講，或者是直播節目，演講者以及主持人，講話的咬字多半都是清楚的。我所謂的清楚，不見得一定要字正腔圓，但是發音咬字極度不標準而讓人聽不懂的情形是低的。

還有，這些討喜的聲音，音調多半比較高。當訴說者音調太低的時候，會讓人覺得不太有精神，沒有什麼太大的感染力。

因此我建議淑蕾音調必須上揚一些，和別人講話的時候聲音別太低沉微弱，若是要公開表達的時候，更是必須注意。

談到音調上揚，不是上揚得很高，因為當音調很高的時候會覺得有點做作。這是需要在家不斷練習的，你可以使用錄音設備或手機，把你的聲音錄下來，錄下平常講話的聲音，再錄一下稍微高一點的聲音，你必須要習慣自己高一點的聲音，並且讓高一點的聲音展現得比較自然，那就成功了。音調提高之後，讓你的心境也改變了，會讓自己變得比較有自信。

淑蕾理解了我的說明之後，開始調整自己。

她只不過讓說話的音調提高了一點，也稍微注意了一下咬字的清晰度後，她真的變得更有自信了。其實她只做了一些小調整而已。

有時候，我們檢視自己的人生，可能只是做了一點**行為的小小改變，生活就會有很大的改變，尤其是自信**。

/ 練習題 ⑧ /

現在你是不是可以試著

用比較高的聲音唸出下面的開場白：

嗨！大家好！我是〇〇〇，很開心在這邊和大家

分享我的成長故事。

之後，音高上升一點，再唸一次。

接下來，音高再上升一點，再唸一次。

你能做到嗎？

第 3 講

創造你的用詞好感度

範例說明

青祥覺得自己從小到大，最弱的能力就是說話。他不喜歡跟別人互動！

而他為什麼不喜歡跟別人互動呢？原因是他根本找不到話題，也覺得不知道怎麼樣用字遣詞來說他想說的。所以，導致他說話的量變得很少，能力削弱得更快。

在我和青祥的互動當中，他真的是省話一哥，講了一下子，就接不下去，變得好安靜。我不斷地強迫他說、說、說，而且還要他看著稿子說：「嗨！王老師你好！很高興來上老師的課，從老師的課程當中，學習到很多溝通技巧……」看著稿子說了幾次之後，然後背下來，用很生活的話語說出來。類似這樣的話語，要從他嘴裡說出來，而且說得很順、很生活，難度變得很高。

我跟青祥說，用字遣詞的能力，是口語表達範圍中，很重要的一種技術行為。當然你的用詞量多，和你的閱讀量大，有直接的相關。

別隨便叫哥或姐！

語言的背後是文字，當你的閱讀量不夠大，接觸的文字量自然就小，因此你對於語詞的應用與理解，範圍就會很窄。因此我建議青祥在練習的時候，要大量閱讀，並且朗誦文章。我說，你的嘴把這些字詞朗誦出來，那些比較不屬於你常用的字詞，透過你的嘴說出來，會有一種習慣的效應，也是一種練習的效應，可能哪一天你不知不覺就可以使用出來。

當我們的詞彙量變大，運用得宜的能力也會變得比較強，因為詞彙的選擇性比較大了。

在眾多的詞彙當中，能尋找出在和別人溝通中好感度高的詞彙，那就太棒了。

然而，「好感度的詞彙」到底有哪些？

我跟青祥說，相信你一定不否認這三種詞彙，你會喜歡，別人也會喜歡。**第一個是「尊敬的稱呼」，第二個是「客氣的詞彙」，第三個是「讚美的詞彙」**。

尊敬的稱呼最常用的是「您」，如果對方有職位，最好使用職位，比如「副總」「經理」，尤其是剛剛開始聯繫的合作夥伴，或者客戶。有些人，為了創造親切感，一開始就稱對方為大哥、大姐，這種感覺其實並不好。至少也應該稱先生或小姐，如果有職稱，叫職稱是最好的。

客氣的詞彙有哪些呢？「請」「麻煩你」「謝謝」，這些詞彙能夠間歇性地鑲嵌在溝通當中，絕對會創造好感度的。比如說「真的麻煩您了，如果造成您的困擾，還請您多多包涵」。

另外，適時運用「讚美的詞彙」是一種熱情的表現，「從您的身上吸收很多」「您的專業讓我們留下深刻的印象」……

做一個高敏感的人，也不賴

用字遣詞的好感度，其實是內心敏感度的一種練習，可以透過觀察與和別人的互動過程當中去體會。

平常你可以思考這兩個方向，來鍛鍊你內心的用字遣詞敏感度，第一個是，別人跟你如何說話，你的感覺會比較好？另一個是，你看到別人之間的互動，怎麼說話的感受會比較好？

舉個例子來說，「如果有空的時候，我們找時間來聊聊這件事」要比「有時間的話，我跟你來溝通一下這件事」感覺好很多。前者比較委婉，比較容易讓人接受，後者就比較直接，感覺僵硬了許多。

/ 用字遣詞的訓練 /

多閱讀、朗讀文章。

別人跟你如何說話，你的感覺會不錯？

你看到別人之間的互動，哪種感覺比較好？

青祥透過練習，以及**大量的閱讀，改善了自己的說話能力**。我請他每一天練習的時候把文章朗誦出來，並且錄音下來檢查。兩個多月，他就改變了自己的用字遣詞能力，說話的勇氣也提高了。再加上他不斷地注意那些好感度的用字遣詞，講話便不會這麼嚴肅僵硬，讓別人覺得他整個人變柔軟了。

平常的你，習慣對人說「請你……」或者「不知道能不能麻煩你……」這樣的話語嗎？如果沒有這樣的習慣，從現在開始吧！你會發現這樣的用字遣詞，會讓你和他的關係更進步。

Chapter 3　溫暖提醒

當我們越懂得控制自己，所展現的效能就越來越好。這不僅是生活與工作該努力的，更是人生的課題。

我一直覺得控制力，等於一種理性的規劃能力，可是人就是一個感性的動物，讓自己擁有理性的控制能力，並不容易。

每個人的個性不同，有些人比較優柔，比較內向；有些人比較直接，比較外放，要把自己的控制能力展現出來，等於是要改變個性。雖然困難，卻值得努力。

前面提到的建智就是個很好的例子，他在傳統產業工作，身邊的長輩、前輩經常發生讓人覺得囉哩囉嗦的狀況。

後來，建智透過跟人資部門溝通，邀約我在他們公司辦了一場講座。我稍微提點了一下這些現象，在溝通當中的負面影響，他們似乎理解了這樣的狀況，也做了某些改變與調整。

當「控制力」這三個字，在他們公司發酵，在團隊當中啟動，整體的工作效能提高了非常多。

Chapter

04

不見面的表演力

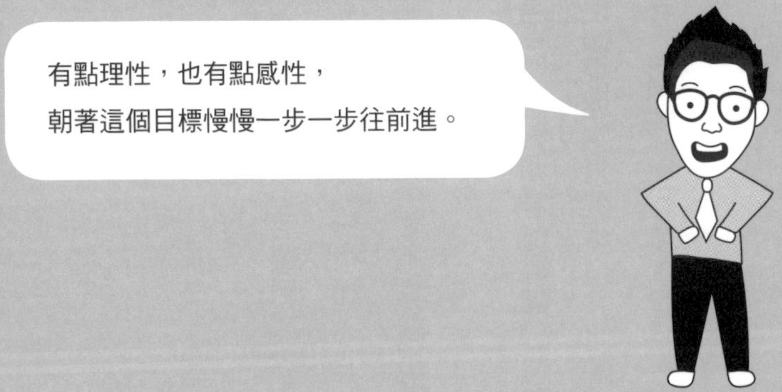
有點理性，也有點感性，
朝著這個目標慢慢一步一步往前進。

開場白

凱翔是一個房屋銷售人員，進入房仲產業將近兩年的時間，前輩們都說真誠很重要，也說銷售技巧和表演有關。他看過一些專業的書籍，上過一些課，他見到我的時候，他說：「老師，真誠是銷售的關鍵，如果用演的，那不就不真誠了嗎？」這是很多人的疑問，只不過凱翔把它講出來了。

人生如戲，戲如人生。這句話大家常常聽到，這也是一個非常值得探討的問題。你覺得你的人生是在演戲嗎？可能有很多人覺得如果你認為人生是在演戲，「那未免太假了，我不需要演啊！我真實地做我自己，那是最棒的一件事。」是的，有許多人是這麼想的。

我跟凱翔說，在人際溝通研究過程當中，發現具備影響力的人，就是他在口語表達上的「演技」很好。凱翔問：「所以說，是需要演的嘍？」可以這麼說。但是演和真實，是同時存在的，你表現的的確是你的真實心情，然而這個表現的方法和「演」是有關係的。

你可以想像一個情境，當你的老闆走到你身邊跟你說話，你是如何應對的呢？當你的老公（老婆）走到你身邊和你說話，你是怎麼樣應對的呢？相信這是兩個你，表現（表演）的方式一定不一樣。

你看了一部電影，男女主角的演技非常好，真的很逼真，讓你潸然落淚。這是演的，但卻逼近真實，讓你感動。

你聽了一場簡報，站在舞台上的簡報者，專業有熱情，讓你被他的簡報感染，這是真實，也是表演。

第 1 講

透過鏡頭簡報、開會該注意什麼

範例說明

山繆是一家知名的外商公司的主管，他們的事業版圖遍及全球各大城市，跨國視訊會議、電話溝通、線上討論，可以說是他們工作的日常。

他跟我說，許多國外同事線上開會的時候顯得不很專注，有一搭沒一搭的，他自己也覺得很不舒服，這和大家面對面開會的效能比起來，線上會議的效能反而比較差。

看鏡頭，看鏡頭，看鏡頭

現在有很多的平台與軟體，讓我們可以透過視訊、聲音來跟遠端的人溝通，甚至有軟體或應用程式因應在家工作者，發展出可以讓背景變模糊的效果，以防止家人衣衫不整地闖入鏡頭中。這對於經常在家工作的人，是一大福音，安全性也比較高，不會有一些意外的事情發生。

我們先不討論應用軟體的問題，我們來討論應用語言與眼神的問題。當我們坐在桌前，面對著電腦開會或簡報，應用的詞彙與語氣，是我們前面幾個章節都有提到的，如果能應用得宜，當然是最棒的一件事。

另外就是眼神了，眼神盡可能看著攝影鏡頭，而不是看著螢幕。因為你看著鏡頭，在螢幕另一端的人，才會覺得你在看著他們。關於這一點，對許多人而言，困難度挺高的，畢竟透過螢幕看到對方的面孔，總會不自覺地看著螢幕，要跳過螢幕看鏡頭，是必須要經過演練的，所以**平常的時間要不斷地提醒自己「看鏡頭、看鏡**

頭、看鏡頭」，這樣你的影響力才能夠提升。

你可以想像，面對面的溝通時，別人看著你說話，你被關注，當然你就會覺得被他影響。透過視訊溝通，其實也是如此，你看著鏡頭，對方才會覺得你在看著他們。

還有，關於表情，任何一場會議或溝通，盡量提醒自己微笑。就像前面提到的，笑容是化解藩籬的萬靈丹，俗話說「伸手不打笑臉人」，其實也是這個道理。

笑臉迎人的溝通，會讓對方的好感度提升很多。然而這執行起來並不容易，因為平常我們在說話的時候，不見得每個人都會常常笑著說話。

笑著說話是一種習慣，這樣的習慣一旦沒有養成，臨時要做到，很困難。

山繆跟我說：「開會，討論工作，也都要笑嗎？有些議題是嚴肅的，一旦笑著說，會不會很奇怪？」我跟他解釋，笑著說話，不是嘻皮笑臉。嚴肅的事，微笑地說，影響力才會提升，如果你每天都表情嚴肅，不會產生影響力的。除非你談的內容，是悲傷的、是憤怒的，當然就不會帶著笑意說話。

當我們必須大量利用鏡頭和遠端的人對話、開會，養成微笑說話的習慣，很重要。

另外，每一場會議，都有議事規則，我強烈地建議線上會議，也要有一些會議

遠距線上會議也需要擬訂會議規則

（X）碎碎唸

（X）滑手機

（X）用電腦看其他內容

（○）輪到自己說話時，要看鏡頭

（○）別人發言時，要看螢幕

（○）盡可能微笑熱情地表達

（○）音調稍微提高

的規則。尤其是開會的時候，禁止滑手機、禁止利用電腦看別的內容；輪到你說話的時候，盡可能專注地看著鏡頭；別人說話的時候，也要看著螢幕；盡可能微笑而熱情地表達，並且把音調調高一點。

後來，山繆在主持會議的時候，他和他的團隊都有做一些溝通方式的改變，而這樣的改變讓其他國家與區域的工作者也被感染。

他們把線上會議的氣氛經營得挺不錯的，也讓會議的效能提高了許多。

/練習題 ⑨/

如果你也經常必須透過鏡頭來開會，
而你面對鏡頭很不習慣，
其實有一個很簡單的方法。
早晨起來刷牙的時候，
就面對鏡子刷牙，不管自己的表情有多醜，
眼神有多麼不自在，看著自己就對了！
這是一個很不錯的眼神練習方式。

第 2 講

如何練就穩定自在自說自話能力

範例說明

麥可是一個演員，經紀公司讓他來上我的課，我除了希望他表達邏輯可以更精進之外，因為他是個演員，所以說話的抑揚頓挫、輕重緩急，一定要透過練習掌握好。

我希望他把自己的聲音和影像錄下來，聽自己的聲音，看自己的影像，一定要做到愛上自己，也就是進入「自戀的狀態」。我跟他說，所有優秀的演員，都會喜歡上自己的表演，如果連自己都不喜歡自己的表演，那就沒有辦法成為一個優秀的演員。

把自己當成第三者

前面有分享到，我第一次主持廣播節目的時候，面對單一的一支麥克風，真的說不太出話來！但後來我是怎麼辦到的呢？有一個非常簡單的概念就是「想像力」，我想像有一個人站在我面前，我和他說話，我會怎麼說呢？

當我們面對看不到的對象，利用電話溝通；當我們面對距離很遠的對象，利用視訊溝通，有些人總覺得這樣的說話方式，很不自在。我寧願用寫的，發一封電子郵件，或者是利用通訊軟體發送訊息，還比較自然一些，也比較能夠表達自己真正的想法。

然而，事與願違，太多時候必須面對鏡頭、面對電話，還得滔滔不絕把你的想法或公司的政策，甚至行銷的策略，傳遞給電話那一端或鏡頭那一端的人。

如何練就一個穩定自在的說話能力呢？尤其當你覺得很尷尬，不知如何是好，甚至覺得腦子被自己限縮的時候，該怎麼處理呢？

所有的技巧，都是需要練習的，無論是做菜、打球、繪畫等等，都是如此。說話也是一樣，但說話最困難的，就是每一次說話發生在不同的情境、不同的環境，面對不同的人，導致表現的方法也不一樣。

如果可能，真的強烈地建議你錄下你在不同情境的說話聲音，甚至錄影下來。當你聽自己說話的聲音，或者是看到你說話的影像，剛開始的時候，一定很想「切腹」！哈！這是許多學員告訴我的，因為我們聽自己的聲音或看著自己的影像，總覺得很奇怪，甚至覺得自己怎麼可以講得那麼爛！

當我們在聽自己的聲音或看自己的影像表現時，**請你一定要把講話的那個人當作第三者，而不是你自己**。從一個比較客觀的角度來審視這個人，你覺得他講得流暢嗎？你喜歡這個人的說話方式嗎？你覺得這個人的表現好嗎？……

一個善於說話的人，他必須要喜歡自己說話的方式，當他對自己表現的方式，都覺得很怪的時候，也無法展現出獨特的魅力與影響力。

在一次次的錄音與錄影之下，不斷不斷地前進著，你會發現自己越來越習慣聽自己的聲音，看自己的表現，這是個重要的過程。

除了用錄音、錄影檢視自己的表現，並且客觀地看待自己之外，還有一個非常重要的生活體會，就是你平常的行走、工作、吃飯、休息……這些生活中的行為，你覺得自己是穩定自在地做自己嗎？

過去的我，從事媒體相關的工作，主持節目、舞台表演不斷地讓我在高度壓力下生活著。後來，我慢慢地調整自己的步伐，讓自己在任何一個時空，都能很穩定自在地做自己，這是一種心境，也是一種訓練。我跟麥可說，但願你能夠漸漸抓到這個位置，這樣一種**穩定自在的位置，會讓你更有自信地前進**。

最近這幾年，麥可在台灣演藝圈呈現越來越穩固的地位，在新進的演員中，表現得非常傑出。對於演員來說，口齒清晰與聲音表情結合在一起，是一種很大的優勢，在我們的生活與工作當中，何嘗不是如此呢？

在前面的章節，就已經提到多次把自己聲音錄下來的練習方式。檢視自己，是自我了解非常重要的過程，但是往往我們都害怕看自己，尤其看到自己公開表達的錄影，或者是聽到自己難聽的聲音。

衷心地建議你，一定要先喜歡自己，別人才會喜歡你。

第 3 講

別人沒反應，如何提升網感力！

範例說明

慧芬是網路直播主，她一週至少直播一次，現在她越來越穩定自在地做自己。事實上，剛開始直播的時候，觀眾不是很多，而且觀眾斷斷續續在線上，讓她不僅沒有信心，而且不知道該怎麼表現比較好。她充滿疑惑地來到我面前，我跟她說，她說話過度用力了！另外，因為求好心切的關係，準備的資料太過生硬。

這個時代，呈現的是「真實而生活的說話方式」，甚至有人說在網路上直播，是一種「**網感力**」。不管你認為這是怎樣的力量，這個現象所反應的，其實是一種真實而自在的行為。這樣的行為，是源自內心的狀態。

許多人在網路前面授課、演講、直播、報告、開會，有的時候還會準備逐字稿照著唸。或許是因為怕自己說錯，也或許是因為怕自己忘了接下來要講什麼，所以盡可能地準備充分一些。這樣的心境當然沒錯，甚至我該給他按個讚，但是有時候準備得過度充分，會給人生硬的感覺，甚至會覺得說話的這個人和我們距離很遙遠。

該怎麼練習呢？訓練這種真實而自然的說話方式，其實很簡單，請你大量地朗誦文章。朗誦文章的時候，第一遍，先閱讀這篇文章。第二遍，開始照本宣科地逐字朗誦。第三遍，再朗誦一遍，對整篇的文字熟練，朗誦流暢度提高。第四遍，把一些生硬的文字，變成生活的語言，加註在文章上。第五遍，用自己生活的語言，把整篇文章再朗誦一遍。

透過這五段式的訓練方式，你對文字的理解與掌握會越來越好，更重要的是你把文字轉變成生活語言的能力也會越來越好。

文章範例：

一個電視節目中，一位家電企業的副總裁現身說法：「我曾是個內向、怯懦的工程師，但後來卻一路順風，屢獲擢升。當我擔任公司副總裁的時候，回頭看到與我一起進公司的同事仍在原地踏步時，不禁感慨『他們比我聰明，也比我努力，唯一欠缺的就是溝通』。」

研究顯示，許多職場工作者因缺乏刻意的溝通訓練，陷入苦惱的人際糾紛中，而有更多的離職症狀都來自於溝通不順暢。

於是，溝通這個看來似乎人人都會的技能，反倒成為一門最難的學問。

修改成自然語言：

我曾經在電視上看到一個家電公司的副總裁説，他曾經是一個內向害羞的工程師，可是後來工作一路順風，一直被提拔。當他升到公司副總裁的時候，回頭看到和他一起進公司的同事還在原地踏步。他很感慨，他們比他聰明，也比他努力，但是欠缺的就是溝通。

很多研究都顯示，上班族因缺乏刻意的溝通訓練，陷入了苦惱的人際糾紛當中，而有更多的離職問題都來自於溝通不順暢。

於是，溝通這個看起來似乎人人都會的技能，反而成了一門最難的學問。

當然以上我只是引用了網路上的一篇文字，改成了一個比較接近生活的語言方式，這種修改的方向並不是絕對的。你可以用你自己的口語習慣來修改，只要讓別人聽起來不要「太遙遠、太生硬」就好。

文字當中的「我與你一起」，口語可改為「我和你一起」；文字當中的「我們將進行這項計劃」，口語可改為「我們會進行這個計劃」……我跟慧芬說：「你一定懂我的意思了。未來加油，你一定可以成為一個穩定自在又有影響力的人。」

慧芬是個充滿熱情的人，因為熱情，導致她工作很認真，說話很用力，這並不適合做直播。我們統計過，那些在網路上比較受到大家喜愛的直播主，說話的方式都盡可能地自然，貼近生活。當然，那些以社會問題批評為主的直播主說話是比較用力的。

慧芬這些年調整了說話的模式，粉絲越來越多，她也越來越喜歡自己了。

Chapter 4　溫暖提醒

真誠是你的個性，表演也是你的個性，當這兩種個性融入你的血液當中，在真誠與表演之間尋求平衡，必須靠自己去掌握與體會。

每個人對於溝通的對象，都有很敏銳的感受力，這是一種心靈的感應。你會覺得這個人假假的，或覺得這個人很真誠；會覺得這個人心情不好，會覺得這個人很熱情……這些感應都是真的，有時候甚至很準。

但是許多人都像前面提到從事房仲工作的凱翔這樣子，對於真實和表演拿捏得不太好。

我們在實體課堂當中進行了許多聲音表演訓練，讓凱翔真正體會到「表演的位置」和「真實的位置」之間的關係。其實説穿了，就是「中庸」這兩個字，當我們過度感性（熱情），或過度理性（冷靜）時，都讓人覺得怪怪的，我們如何做到有點感性，也有點理性，這個中滋味必須靠著自己平常不斷演練跟調整，才能夠越來越好。

Chapter
05

不見面的文字力

不見面溝通，如果沒有影像輔助，
又沒聽到聲音，單純地使用文字溝通，
真的太容易產生誤解。

開場白

我們不能否認的是，由於科技的發達，讓現代人說話的溝通量減少了，利用文字訊息的溝通量增加了。甚至，我聽說過，家人在同一個屋簷下生活，還用簡訊溝通的。

語言和文字，都是表達思想的工具，然而使用文字溝通，有一個很大的優勢是，互動的時間比較慢，傳達的訊息不會被打斷，可能也會比較完整。當你掌握住這一個重要的關鍵，便能善用這些優勢來溝通，文字溝通的力量會相形增加。

明天會加班嗎？
嗯
明天會下雨 記得要帶傘
嗯
不要一直穿那一件藍色的襯衫
嗯
記得倒垃圾
嗯
難道只會回答嗯嗎？
嗯

第 1 講

訊息不要分成很多段

話不要說一半

現代人有個有趣的溝通方式，就是只留言提問，但並沒有把動機講出來：

「明天你會在公司嗎？」

「今天晚上你有空嗎？」

「下了班要直接回家嗎？」

「待會兒你會很忙嗎？」……

這一切聽起來就是，他想跟我們約時間見面，或想找我們協助某些事，但沒把動機講出來，聽到的人只會有個：「？」

也只能回覆：「什麼事嗎？」心裡面的ＯＳ是：「什麼事說吧！」這樣的感覺

不太好。

習慣把話分成「兩段」表達的人，通常是「怕打擾了別人的客氣行為」，但衷心建議：**「一段」講完即可**，對方聽起來才不會狐疑，也更了解你的意思。

下次請直接這樣留言吧！

「明天你會在公司嗎？如果你在的話，我想去跟你討論訂單的事。」

「今天晚上你有空嗎？如果有空的話，想找你一起吃飯。」

「下了班要直接回家嗎？如果你要直接回家的話，請你幫我買個便當。」

「待會兒你會很忙嗎？如果不忙的話，想請你幫我一件事。」

所以，**請別再講話講一半！**要客氣，也要有動機，很重要。

另外，有些人習慣用傳送鍵當成逗號，訊息就會分成好幾句傳出去。人們在接受訊息的過程的心理感受，會因為**看到的內容而影響自己的觀點**。在接受訊息的第一時間會產生一種情緒反應，在第二時間又會有另外一種情緒反應。比方說，你發出了一個訊息對接收者來說，不是愉快的事，他已經在第一時間產生不好的情緒，然後你又斷斷續續地針對同一個事件發許多話語，分句傳送只會讓他不好的情緒更加乘。

分段發話，有時候還會讓接收者心情產生三溫暖的狀態。一個真實的個案是這樣的，主管發了一個訊息給員工：「今天上午你面對客戶處理的事，讓客戶非常不高興。」員工看到了，想說，糟了！又要被數落了！第二句話發來了：「這個客戶常常就是這樣子，情緒很不穩定，你也別放在心上。」員工心想，天哪，嚇死人了！

所以，請把該講的話全部寫完，再發送出去吧！

第 2 講

關於已讀不回

在人與人相處的過程當中，很常遇到的一個情況是，對方說了，你沒有回應。對方就認為你明白了、你了解了，甚至你接受了。這是一個非常恐怖的現象，因為你並沒有把你真正的認知講出來，對方也不知道你在想什麼，對方只會用他的理解來解讀（猜測）這件事。最後，這樣一廂情願的情況出現之後，你再來解釋，再來收拾，都來不及了，甚至引來雙方爭論不休，還不歡而散。

收到和理解，在訊息發送的過程當中，絕對是兩回事。所以，請千萬不要再已讀不回！總有些人會認為，我說了，你就應該要了解。如果在第一時間，沒辦法回覆對方的訊息，至少你應該回覆說：「收到了，我會想一下。」或是：「收到了，我現在還在忙，待會兒再回你。」否則，寧願別讀取！

工作群組注意事項

在通訊軟體這麼發達的今天，這種「單向傳遞」的方式，造就出太多的誤解，不得不謹慎處理。尤其是許多團隊會有通訊的「群組」，當有些人發起討論，可能已經討論到第三件事，但是你對於第二件事情有意見，你突然插進來回過頭討論第二件事，其他的人會覺得錯愕，一時之間討論會全部亂掉，還有可能會讓人覺得，你到底有沒有進入狀況啊?!

在我們做的職場訊息傳遞研究當中，我們會建議「群組」溝通的方式，是以「傳遞工作內容」或「分享工作進度」為主，不要「討論工作內容」，關於討論、協調、溝通，請直接開會討論，電話會議、視訊會議、見面會議都行，效能是最高的。倘若在群組裡面討論，你一言、我一語，有些時候你看了一下大家討論的內容，認為這個工作項目和你無關，就沒特別注意，後來大家話鋒一轉，談到了屬於你的工作，但你卻完全忽略了，最後工作出錯，那你就成了那個忽略訊息的冤大頭！

訊息不要傳一半，一次寫完再傳！

老闆：早上你對客戶的態度，讓客戶不高興

（員工收到心想，糟了）

老闆：客戶的情緒不穩定，你不要太在意

（員工捏了一把冷汗）

群組工作溝通方式

（○）傳遞工作內容

（○）分享工作進度

（✕）討論工作內容

第 3 講

標點符號和貼圖的應用

標點符號很重要

相信你一定看過有些人回覆留言是這麼回的：「什麼？？？」「你能說清楚嗎？？？」「你這樣想太誇張！！！」每多加一個問號或驚嘆號，力度都會變強，這對接收者來說，感覺不好，表達出的是一種質疑的態度。所以，我衷心地建議，標點符號，不要這麼用，尤其問號或驚嘆號只要用一次就好。

另外，有些人發訊息，完全沒有標點符號，這也是很讓人傷腦筋的一件事。因為以文字傳達訊息的時候，標點符號代表的是一種意義型的斷句，如果全部的句子都連在一起，讓人很難去拆解意義，甚至會誤解意思。

標點符號重要嗎？當然重要！可是有人曾經跟我說：「只要對方看得懂就好啦！」以下這是一篇在網路上已流傳的故事：

爸爸看了兒子的日記，差點發瘋！「今天叔叔來我家玩媽媽，說做完作業之後，可以吃點心。然後，叔叔誇我作業做得好，於是叔叔抱起了我媽媽，叫叔叔小心一點。之後叔叔又親了我媽媽，也親了我奶奶，也親了我。」你知道發生了什麼事嗎？其實是孩子把標點符號寫錯了，事實是這樣的：「今天叔叔來我家玩，媽媽說做完作業之後，可以吃點心。然後，叔叔誇我作業做得好，於是叔叔抱起了我，媽媽叫叔叔小心一點。之後叔叔又親了我，媽媽也親了我，奶奶也親了我。」

雖然只是個網路流傳的故事，但是我們可以體會到標點符號的重要性，因為標點符號弄錯的話，意義是完全不一樣的。

先文字，再貼圖

另外，關於貼圖是現代人在簡訊互動當中常常使用的，由於貼圖的使用過度氾濫，反而會讓我們對貼圖的認知產生誤解。首先，我們一定要了解，如果在溝通嚴肅的事情，盡可能別用貼圖。因為貼圖的設計通常很 cute，多半是「耍可愛」，如果在一個嚴重的工作錯誤後，你想跟對方道歉，一定是用文字表示：「這件事因為我的疏忽，真的覺得很抱歉！」而不是使用一個貼圖送出去。因為貼圖是一個可愛的圖像加上「Sorry 啦！」的字樣，會讓人覺得不夠莊重。

貼圖，在訊息溝通的互動上，是「情緒的表現」，比較好的使用貼圖方式是，透過文字溝通之後，在文字溝通後面加一個貼圖，會讓這段文字的情緒表達出來。舉例來說，「你很過分耶！」這句話，如果只用文字，是責怪？還是開玩笑？就看後面接了什麼貼圖，一個憤怒的表情？還是一個笑臉？就會讓這句話產生比較精準的情緒。

善用貼圖，會讓溝通的效能更精準；誤用貼圖，很可能讓溝通產生誤解。

Chapter 5 溫暖提醒

不見面的溝通，如果沒有影像輔助，又沒聽到聲音，單純地使用文字溝通，真的太容易產生誤解。

文字的溝通，最大的優勢，是你可以把完整的想法寫完，傳達出去，比較不容易被打岔，但也因為會留下證據，萬一考慮不夠完善，反而會留下紀錄。更有些時候，還沒寫完，也還想再整理一下，但是一不小心碰觸到了傳送鍵，一些不該講的話，就傳出去了。可能還來不及收回，對方就已經看到了！

另外，通常我會建議用文字傳達訊息的時候，可以先在記事本裡頭寫下完整的訊息，看過、整理過、修飾過，再貼在訊息裡，傳送出去。這樣一來， 失誤的機率會比較低。

這個章節，我提出了在文字溝通的過程當中常常犯的大忌，以及比較好的處理方式，分享給你。但願在文字溝通的過程當中，我們都不再誤觸這些禁忌。

寫在最後

人生最關鍵的能力，不是你有多少技能、多少專業、多少知識、多少經驗，而是你懂得如何說話、如何溝通。更重要的是，在說話與溝通的背後，你如何了解別人，也了解自己。

當你知道自己要什麼，也知道別人要什麼，你的技能、專業、知識、經驗才能發揮出來。

書中提到的許多個案，都是真實的個案，只不過他們的名字都被我更改了。每一個個案，都是活生生的說話與溝通的寫照，也是許多人碰到的溝通困境。

這本書寫到這裡，大致告一個段落，看起來是一本談說話、談溝通的書，尤其著墨在不見面的時候如何透過話語產生影響力。

這個時代，溝通的工具與管道越來越多元，這本書談到的所有內容，雖然多數是跟職場有關的，但如果你理解之後，都可以舉一反三地應用在生活、家庭、情感當中。

不見面的溝通比見面的溝通難度更高，因為你只能透過話語來揣測對方的心境，你也只能用話語來引導出對方的想法，這本書把這些概念分享給你。

真的非常謝謝許多上過我的課的企業高階領導人在時間非常短促的狀況，被我壓榨，為這本書寫下了推薦文，博士倫的符正華總經理、星展銀行的程鈺玲副總裁、第一三共的林雪芬總經理、昇恆昌的江建廷總經理、索尼互動娛樂的蘇永生總經理，你們都是我敬佩的經理人與溝通高手。而卜蜂公司的劉彥君總經理以及 SmartM 大大學院創辦人許景泰先生百忙當中首肯掛名推薦，充滿感激。還有影響力十足的職場漫畫家馬克先生，以及最會說故事的歐陽立中老師，也謝謝你們一口答應寫序。這些好友們的鼓舞，對我而言是莫大的激勵。

另外，還要謝謝大田出版社挑選了我的二十位學生們，對我留下了文字的肯定，這是我與學生們最珍貴的交集與紀錄。沒被選到的同學別介意，因為篇幅有限，但還有下一本，請放心！

這本書中的一切，都是最近這些年我在研究與授課過程當中的心得與感觸，希望對現在正在看這本書的你有幫助，也期待在不見面的溝通過程當中，你越來越能夠洞悉對方，也越來越了解自己。

讀後心得

請試著用以下的筆記頁寫下你對每一章的讀後心得，以及練習的感想。

creative 149

不見面的說話練習：
只用手機、簡訊與視訊，也會成就三分情的厲害溝通術

填回函雙重禮
①立即送購書優惠券
②抽獎小禮物

作　　者｜王介安
出　版　者｜大田出版有限公司
台北市一〇四四五中山北路二段二十六巷二號二樓
E-mail｜titan3@ms22.hinet.net　http：//www.titan3.com.tw
編輯部專線｜（02）2562-1383　傳真：（02）2581-8761
總　編　輯｜莊培園
副總編輯｜蔡鳳儀
行銷編輯｜陳映璇／王羿婷／黃凱玉
校　　對｜金文蕙／黃薇霓
內頁美術｜陳柔含
初　　刷｜二〇二〇年九月一日　定價：二九〇元
總　經　銷｜知己圖書股份有限公司
台　　北｜一〇六台北市大安區辛亥路一段三十號九樓
TEL：02-23672044／23672047　FAX：02-2363-5741
台　　中｜四〇七台中市西屯區工業三十路一號一樓
TEL：04-23595819　FAX：04-2359-5493
E-mail｜service@morningstar.com.tw
網路書店｜http://www.morningstar.com.tw
郵政劃撥｜15060393（知己圖書股份有限公司）
印　　刷｜上好印刷股份有限公司
國際書碼｜978-986-179-599-7　CIP：177.1/109008435

國家圖書館出版品預行編目資料

不見面的說話練習／王介安著．
——初版——臺北市：大田，2020.09
面；公分．——（creative；149）

ISBN 978-986-179-599-7（平裝）

177.1　　109008435